Achim Blackstein

Digitale Seelsorge

Impulse für die Praxis

VANDENHOECK & RUPRECHT

Bibliografische Information der Deutschen Nationalbibliothek:
Die Deutsche Nationalbibliothek verzeichnet diese Publikation in der
Deutschen Nationalbibliografie; detaillierte bibliografische Daten sind
im Internet über https://dnb.de abrufbar.

© 2023 Vandenhoeck & Ruprecht, Robert-Bosch-Breite 10, D-37079 Göttingen,
ein Imprint der Brill-Gruppe
(Koninklijke Brill NV, Leiden, Niederlande; Brill USA Inc., Boston MA, USA;
Brill Asia Pte Ltd, Singapore; Brill Deutschland GmbH, Paderborn, Deutschland; Brill Österreich GmbH, Wien, Österreich)
Koninklijke Brill NV umfasst die Imprints Brill, Brill Nijhoff, Brill Hotei,
Brill Schöningh, Brill Fink, Brill mentis, Vandenhoeck & Ruprecht, Böhlau,
V&R unipress und Wageningen Academic.

Alle Rechte vorbehalten. Das Werk und seine Teile sind urheberrechtlich
geschützt. Jede Verwertung in anderen als den gesetzlich zugelassenen Fällen
bedarf der vorherigen schriftlichen Einwilligung des Verlages.

Umschlagabbildung: © Adobe Stock/accogliente_3D

Satz: SchwabScantechnik, Göttingen
Druck und Bindung: ⊕ Hubert und Co, Göttingen
Printed in the EU

Vandenhoeck & Ruprecht Verlag | www.vandenhoeck-ruprecht-verlage.com

ISBN 978-3-525-60018-4

Inhalt

Vorwort 7
Einleitung 9
Log-in – eine Annäherung 15
Zur Haltung in der digitalen Seelsorge 23
   Online gut in Kontakt kommen 33
   Schriftbasierte Seelsorge 42
   Chat 51
   Gruppen 54
   Netiquette 58
   Oraliteralität 60
   E-Mail 62
   Die E-Mail lesen 63
   Fragetechniken 72
   Zwischen den Zeilen lesen 74
   Auf die E-Mail antworten 75
   Nachbereitung der schriftbasierten Seelsorge 78
Warum uns Schreiben guttut 81
Videogespräch 83
   Bild oder Ton 90
   Störungen im Videogespräch 91
   Verhalten vor der Kamera 94
   Selbstfürsorge am Arbeitsplatz 99
   Zoom-Fatigue 100
   Nachbereitung eines Videogesprächs 102
   Hybrid oder blended 103
Messenger 108
   Zeitliche Abgrenzungen 111
   Emojis 112
   Sprachnachrichten in der Seelsorge 114

Messenger als Broadcaster 115
Seelsorge über den Status 116
Besondere Situationen, Krisen, Suizidales 118
Suizidalität 121
Fakes und Inszenierungen 127
Vielschreiber und Vielschreiberinnen 129
Stagnierende Gespräche 130
Grenzen in der digitalen Seelsorge 132
Gespräche beenden 136
Datenschutz und Schweigepflicht 140
Digital Seelsorge in der Kirchengemeinde 145
Digitale Seelsorge und Klimakrise 152
Social Media 156
Apps, Tools und Ressourcen 164
Evermore 164
KrisenKompass 165
Andachtsapp 165
Die-Bibel.de-App 165
DemenzGuide 166
Aufstellungsarbeit 166
Whiteboard 167
Verstofflichen 169
Meditation 169
Anker-Übung 170
Die Zukunft digitaler Seelsorge 172
Log-out 184
Literatur 186

Vorwort

Die Digitalisierung hat inzwischen alle Lebensräume erreicht und so sind auch die Kirchen aufgefordert, sich mit neuen Fragen zu beschäftigen. Der Bedarf an Seelsorge ist nach wie vor groß und nicht zuletzt während der Coronapandemie ist auch die Nachfrage nach digitalen Formaten gestiegen.

Dabei war die Seelsorge schon lange vor der pandemisch bedingten Notwendigkeit, auf digitale Settings umzusteigen, im virtuellen Raum vertreten. Die ersten Angebote der Online-Beratung wurden in Deutschland bereits Mitte der 1990er Jahre von der Telefonseelsorge entwickelt. Mit der fortschreitenden Digitalisierung und Mediatisierung unserer Alltagswelt haben sich auch unsere Kommunikationsformen grundlegend verändert. Viele Gespräche, die zuvor in Präsenz oder telefonisch stattfanden, erfolgen inzwischen digital vermittelt – seien es im beruflichen Kontext vor allem E-Mails oder Videokonferenzen oder im privaten Bereich Messenger wie WhatsApp & Co.

Kommunikation und Austausch sind häufig schriftbasiert, sodass man fast von einer »Renaissance der Schriftlichkeit« sprechen könnte. Schreiben ermöglicht eine besondere Form der Selbstreflexion. Man sieht sich selbst beim Denken zu und kann das fertige Produkt mit anderen teilen. In der Online-Beratung hat sich daher die schriftbasierte Beratung per E-Mail oder Chat in den letzten 25 Jahren etabliert und als besonders wertvoll gezeigt. Gerade auch in seelsorglichen Kontexten, in denen es oftmals um längere Prozesse und ein vorsichtiges Vortasten geht, ermöglicht das Schreiben Resonanzräume.

Mit Beginn der Covid-Pandemie und der damit verbundenen Einschränkungen der direkten Begegnung im physischen Raum wurden neben den klassischen Formen der Online-Beratung auch

Videogespräche als Möglichkeit eingeführt. Das videovermittelte Gespräch ermöglicht hierbei vor allem Menschen den Zugang zu Unterstützungsangeboten, für die schriftliche Kontakte zu hochschwellig sind. Nicht zuletzt, da sie auch über ein Smartphone stattfinden können und die technischen Voraussetzungen inzwischen relativ gering sind.

In diesem Buch vermittelt Achim Blackstein wichtige »Impulse für die Praxis« seelsorglichen Arbeitens in digitalen Settings. Dabei wird die Seelsorge nicht digital, wie der Titel vielleicht zuerst vermuten lässt. Vielmehr wird der digitale Raum mit Menschlichkeit und Zuversicht gefüllt. Der Autor lässt die Lesenden an einer persönlichen Reise durch diesen digitalen Erfahrungsraum teilhaben. Neben wichtigen Fakten zum Thema »Datenschutz und Technik« sowie konkreten Tipps für Programme und Apps lädt Achim Blackstein vor allem dazu ein, den Möglichkeiten der digitalen Seelsorge mutig und offen gegenüberzustehen.

Ihm gelingt dies vor allem deshalb gut, da er viele Textbeispiele und eigene Erfahrungen teilt und mit einer metaphernreichen Sprache und einem klaren Bezug zum kirchlichen und seelsorglichen Arbeitsfeld schreibt. Zu den einzelnen Themen finden die Lesenden kleine Übungen und Denkimpulse, die immer wieder zu einer persönlichen Reflexion einladen.

So kann dieses Buch vor allem als Wegweiser und Begleiter verstanden und genutzt werden. Und als eine Einladung an seelsorglich Tätige, sich mit aktuellen technologischen und gesellschaftlichen Entwicklungen auseinanderzusetzen, ohne den Blick für das Wesentliche zu verlieren: die Menschen, die nun auch über digitale Wege erreicht werden können und die von digitaler Seelsorge profitieren, da diese sie in ihrer Lebenswelt abholt.

Prof. Emily M. Engelhardt

Einleitung

Haben Sie sich das auch schon mal gefragt: »Wie ist das früher nur ohne gegangen?«

Ein Leben ohne Internet ist kaum noch vorstellbar. Ob wir uns auf Social-Media-Plattformen mit Freunden verbinden, online einkaufen oder Nachrichten lesen – das Internet ist unser ständiger Begleiter. Früher waren die Möglichkeiten des Internets begrenzt und das Surfen im Netz war mit einem Modem und einem klingelnden Geräusch verbunden. Heute können wir auf eine Vielzahl von Angeboten zugreifen, die uns das Leben leichter und unterhaltsamer machen. Wir können unseren Tag mit einem Work-out-Video auf YouTube beginnen, uns während der Arbeit mit einem Podcast ablenken oder abends auf Netflix unsere Lieblingsserie streamen. Auch die Art und Weise, wie wir kommunizieren, hat sich durch das Internet verändert. Die sozialen Medien haben eine neue Dimension der Vernetzung geschaffen und uns ermöglicht, Kontakte auf der ganzen Welt zu knüpfen. Jederzeit und überall bleiben wir nun mit Freunden und Familie in Kontakt und teilen unsere Gedanken und Erlebnisse mit ihnen. Auch das Einkaufen ist anders geworden. Wir suchen, vergleichen und kaufen längst online, was wir brauchen oder haben möchten, ohne jemals unser Zuhause verlassen zu müssen. Das Internet ist nur ein Teil unseres Alltags, es bestimmt und begleitet unser Leben an jedem Tag und zu beinahe jeder Stunde. Wo sollen wir auch sonst die passenden Rezepte finden oder klären, wer wann wen von der Schule oder Arbeit abholt?

Wir haben in den letzten Jahren tatsächlich so etwas wie eine Revolution mitgemacht und sie ist eigentlich noch gar nicht beendet. Die Digitalisierung geht weiter. Und mittlerweile hat sie auch die Kirche erreicht. Gottesdienste oder Andachten werden gestreamt und bei YouTube hochgeladen, Trauer- oder Taufgespräche werden auf einem Videokonferenz-System geführt und die Fotos der Feiern finden sich nicht selten dann auf den persönlichen Seiten der Social-Media-Kanäle und Messenger. Auch Seelsorge ist online gegangen. Schon lange sogar. Seit 1995 gibt es institutionalisierte Seelsorge per E-Mail und seit 2003 auch als Chatgespräch. So vieles ist in den vergangenen Jahrzehnten entstanden und gewachsen und vieles hat während der Coronapandemie noch einmal einen neuen Schub erfahren oder wurde dann erst erfunden und aufgebaut. Das Internet hat uns verändert und wird es sicher weiter tun. Eine neue Art des Zusammenlebens ist entstanden, eine neue Art sich zu informieren, eine neue Art, das Leben mit all den Herausforderungen zu meistern. Und das ist oft gut so, denn durch die Digitalisierung haben mehr Menschen ein höheres Maß an Freiheit, Selbstbestimmung und Selbstwirksamkeit erhalten. Und so wenden sich auch immer mehr Menschen online an Seelsorgerinnen und Seelsorger, um Hilfe, Unterstützung oder Begleitung bei Fragen und Problemen oder in schwierigen Zeiten zu erhalten. Die Nachfrage nach digitaler Seelsorge hat in den letzten Jahren enorm zugenommen und stellt die Kirche vor verschiedene Herausforderungen, personell, aber auch datenschutztechnisch.

Mit diesem Buch möchte ich eine praktische Einführung in die digitale Seelsorge vorlegen. Aus der Praxis, für die Praxis. Und, das werden Sie merken, an vielen Stellen sind die Überlegungen und Methoden pragmatisch und vor allem optimistisch. Ich sehe die Möglichkeiten und reflektiere die Chancen der digitalen Seelsorge und möchte sie gerne nutzen. Dabei achte ich die Grenzen, lasse mich aber von Zweifeln oder Zögern nicht abhalten. Es ist Zeit. Die digitale Seelsorge ist gekommen, um zu bleiben, und wir dürfen, müssen bereit sein, mitzugehen und uns anzupassen. Das Angebot, sich anonym zu melden, die örtliche und zeitliche Flexibilität, das niedrigschwellige Teilnehmen und nicht zuletzt auch die eingesetzte Technik sorgen vor allem dafür, dass digitale Seelsorgeangebote gerne in Anspruch genommen werden.

Fragt man Menschen, die sich an die digitale Seelsorge wenden, warum sie sich für dieses Medium entschieden haben, dann antworten viele, dass es gerade die anonyme, schnelle und unkomplizierte Hilfe ist, die sie erwarten und hier bekommen. Wie gesagt, eine

Chance für alle Seelsorgerinnen und Seelsorger, die sich auf die digitale Welt und ihre Bedingungen einlassen möchten. Die sich trauen, hier und da immer wieder Pionierarbeit zu leisten, und die sich voll und ganz auf die Bedürfnisse ihres Gegenübers einstellen können.

Darum freue ich mich, wenn Sie sich anstecken lassen von den hier beschriebenen Wegen und Fenstern digitaler Seelsorge. Ich hoffe, eine große Vielfalt an Anregungen und Ermutigungen zu liefern, die Ihren Dienst als Seelsorgerin oder Seelsorger, als Beraterin oder Berater im digitalen Raum angenehm und hilfreich machen. Lassen Sie sich ermutigen und motivieren. Ich habe mich bemüht, möglichst direkt und aus dem täglichen Tun heraus zu schreiben. So, wie ich es bisher selbst erleben und kennenlernen durfte. Aber ich sage es gleich zu Beginn: Dieses Buch ist nicht vollständig. Bestimmt fehlt ein wichtiges Seelsorgebeispiel, ein richtig gutes Angebot, eine wichtige App oder ein hilfreiches Tool, das hier hätte geteilt und benannt werden können. Und ganz sicher gibt es noch mehr Beispiele für Beratungsanfragen und Seelsorgethemen. Vielleicht würden Sie auch auf die hier vorgestellten E-Mail- und Chatgespräche anders reagieren, vielleicht würden Sie anders antworten, anders schreiben oder andere Fragen stellen. Es ist gut, wenn wir alle unsere eigenen Arten, Vorlieben und Erfahrungen in die Seelsorge einbringen. Bestimmt machen Kolleginnen und Kollegen in der digitalen Seelsorge auch ganz andere Erfahrungen und ziehen ganz andere Schlüsse, als ich es hier tue. Wie überall in der Arbeit mit und für Menschen gibt es nicht den *einen* richtigen Weg. Wir Menschen sind nicht einheitlich, auch wenn wir miteinander ähnliche Bedürfnisse und Wünsche teilen. Darum ist es gut, wenn wir viele verschiedene, sich voneinander abgrenzende und einander ergänzende, auf jeden Fall respektierende Ansätze verfolgen und Erfahrungen austauschen. Vielfalt ist ein positiver Wert, der es umso mehr Menschen ermöglicht und sie ermutigt, Kontakt zu einer Beratungsstelle oder Seelsorge aufzunehmen. Folgen Sie also Ihrem Herzen und nehmen Sie auf diesem Weg eine gehörige Portion guter und reflektierter Ausbildung mit, inklusive Supervision und kollegialer Beratung. Es freut mich, wenn dieses Buch jeweils einen kleinen Teil dazu beitragen kann.

Ich schreibe hier allgemein von Ratsuchenden und Ratgebenden oder beratenden Menschen. Es ist klar, dass nicht alle, die sich an die Seelsorge wenden, Rat suchen und nicht alle Seelsorgerinnen oder Seelsorger sich als Ratgeberin oder Ratgeber verstehen. Schon gar nicht in dem Sinne, dass Ratschläge erteilt werden. Seelsorge ist etwas anderes als Beratung und trotzdem gehört es zum weiten Feld beratender Tätigkeiten. Mit den Bezeichnungen Ratsuchende und Ratgebende soll keine Hierarchie eingeführt werden. Seelsorge kann nur im partnerschaftlichen Miteinander auf Augenhöhe stattfinden. Es werden aber Blickrichtungen beschrieben, die aufeinander bezogen sind.

Mir ist eine geschlechtergerechte Sprache wichtig. Wer Seelsorge als Begegnung auf Augenhöhe versteht, kann Menschen nicht in einer generischen Geschlechtsbezeichnung mitmeinen, sondern muss versuchen, (möglichst) alle anzusprechen und damit anwesend sein zulassen. Darum versuche ich durchgehend zu gendern und von Seelsorgern und Seelsorgerinnen zu sprechen oder auch allgemein von Seelsorgenden oder Ratsuchenden.

Die hier geschilderten Chat- und E-Mail-Gespräche wurden von mir zur Anonymisierung in Anlehnung an reale Gespräche neu verfasst.

Einige der hier genannten Apps, Webseiten und Systeme haben sich dem kirchlichen Datenschutz unterworfen, andere arbeiten nicht EKD- oder KDG-DSG-konform. Die Einbindung in die seelsorgliche und beraterische Arbeit erfolgt in eigenem Ermessen und auf eigene Verantwortung und sollte transparent mit den ratsuchenden Personen besprochen werden.

Dieses Buch möchte einen ersten Einblick geben, Handwerkszeug vermitteln und vor allem eine Ermutigung sein, sich mit Seelsorge im digitalen Raum zu beschäftigen und es auszuprobieren. Ob in Social Media, per Messenger, im Videogespräch oder etwas klassischer im E-Mail- oder Chatgespräch. Es lohnt sich! Für ratsuchende Menschen genauso wie für ratgebende und zuhörende Kolleginnen und Kollegen, Mitarbeiterinnen und Mitarbeiter in Schulen, Krankenhäusern, Einrichtungen und Werken, Kirchengemeinden und Initiativen, aber auch Beratungs- und Fachstellen.

Vieles in diesem Buch durfte ich über die Jahre selbst durchführen und ausprobieren, manches habe ich bei anderen erlebt oder begleitet. So sind in dieses Buch nicht nur meine persönlichen Erfahrungen eingegangen, sondern auch viel geteiltes Wissen und erprobte Ideen aus zahlreichen Fortbildungen, Supervisionen, Vorträgen, Gesprächen und Feedback. Vielen Dank für alles!

Ein besonderer Dank geht an Annegret von Collande (Evangelisch-lutherische Landeskirche Hannovers), Stefanie Hoffmann (EKD Stabsstelle Digitalisierung), Christine Tergau-Harms (Evangelisch-lutherische Landeskirche Hannovers), Carel Mohn (klimafakten.de) und Lutz Neumeier (Evangelische Kirche in Hessen und Nassau) für ihr Feedback und ihre Anregungen zu einzelnen Kapiteln.

»Do not be dismayed by the brokenness of the world.
All things break.
And all things can be mended.
Not with time, as they say, but with intention.
So go.
Love intentionally, extravagantly, unconditionally.
The broken world waits in darkness for the light that is you.«

L. R. Knost[1]

---

1 http://lrknost.com.

Log-in – eine Annäherung

Seelsorge darf »agil« sein. Das heißt: flexibel und darüber hinaus proaktiv, antizipativ und initiativ zugleich. Den Begriff des »Agilen« kennen wir aus der Unternehmensführung. Agile Unternehmen richten ihre Strategien am Kunden aus und streben eine Maximierung des Kundennutzens an.

Für die Seelsorge bedeutet das, nicht selbst allein geltende Maßstäbe festzusetzen, was und wie Seelsorge ist und was nicht, sondern die zu fragen, die Begegnung in Anspruch genommen oder erlebt haben, ob das gerade Seelsorge für sie war. »War das etwas für dich? War das nützlich oder hilfreich für dich?«

Jesus hat die Menschen da aufgesucht, wo sie waren. Geografisch, biografisch. Niemand musste damals bei Jesus Bedingungen erfüllen, sich würdig erweisen oder als gläubig bestehen. Er hat die Menschen so genommen, wie sie waren, und ist den Menschen in den Situationen begegnet, in denen sie sich befanden. Und genau dort hat er getan, was getan werden musste. Gleichnishaft wird das in seiner Rede vom Weltgericht (Mt 25) deutlich. In Anlehnung an seine Worte können wir heute sicher sagen: »Ich war online und ihr habt euch mit mir vernetzt.«

Das darf für uns Antrieb und Auftrag sein: seelsorglich im Internet engagiert und präsent zu sein. Folgen wir ihm also digital.

Wir tun das, was wir tun, nicht irgendwie. Wir begegnen einander nicht irgendwie. Wir tun das, was wir tun, auf und in der Art und Weise, wie wir der Welt, den Menschen begegnen in Wort und Tat, in Kommunikation und Handeln. Im Englischen heißt es: »The outer world is a reflection of the inner world.« Und in unserer »inner world« sind wir und ist der andere Mensch immer geliebtes Geschöpf. Wertvoll in Gottes Augen. Gerettet, rechtfertigt. Gottes Ebenbild. Ein Geschenk. Ein möglicher Engel. Ein Brief Gottes.

Wie wunderbar wäre es, wenn sich diese Überzeugung in jeder Äußerung reflektieren würde – auch für uns selbst!

Es gibt eine Reihe von Fragen in der Bibel, deren Intention oder Fragerichtung sich wie ein roter Faden durch das ganze Buch der Bücher zieht.

- Nachdem Adam und Eva von der Frucht des verbotenen Baumes im Garten Eden gegessen hatten, fragte Gott: »Mensch, wo bist du?« (vgl. Gen 3,9)
- Als Kain seinen Bruder Abel erschlagen hatte, fragte Gott: »Wo ist dein Bruder Abel?« (vgl. Gen 4,9)
- Als Jesus erkrankten Menschen begegnete, fragte er sie eigentlich immer: »Was kann ich für dich tun?« (vgl. Mk 10,51; Lk 18,41)
- Als ein Gesetzeslehrer Jesus fragte: »Wer ist denn mein Nächster?«, antwortete Jesus: »Der, dem du helfen kannst.« Oder als Frage formuliert: »Wem kann ich ein Mitmensch werden?« (vgl. Lk 10,25 ff.)
- Mensch, wo bist du? Wo ist dein Bruder? Was kann ich für dich tun? Wem kann ich ein Mitmensch werden?

Häufig sind es rhetorische Fragen. Fragen, bei denen sich die Antwort wie von selbst aus dem Kontext ergibt, manchmal auch mit gesundem Menschenverstand wie von selbst beantwortet werden kann. Es sind Fragen, die in die Begegnung führen, die Menschen zusammenbringen, die uns einander zur Gabe und Aufgabe machen, uns aufeinander beziehen und uns an unsere Verantwortung füreinander erinnern.

Es sind diese Fragen und viele Geschichten und Gleichnisse aus der Bibel, die die große Bewegung Gottes zur Welt, zur Begegnung mit der Schöpfung, mit den Menschen, erzählen und uns gleichzeitig mit hineinnehmen wollen, diese Bewegung Gottes in der Bewegung von Mensch zu Mensch fortzusetzen. Individuell und gesellschaftlich, zumindest natürlich kirchlich, erst recht seelsorglich. Menschen sollen sich nach Gottes Willen begegnen. Und ist das Internet, der digitale Raum, nicht ein wunderbarer, weil niedrigschwelliger Begegnungsraum?

Weil Menschen sich verbinden mögen, fungiert das Internet als »Internetz« zwischen ihnen. Es ist die moderne Infrastruktur heutiger Begegnungen und Beziehungen. Das ist es natürlich nicht nur. Aber in, mit und unter diesem Internet findet Kontakt statt. In ihm, mit ihm (durch es) und unter seinen Möglichkeiten, Räumen, Zeiten und Bedingungen. Als Kirche haben wir hier die Chance, unsere seelsorgliche Haltung mit einzubringen. Insofern ist Seelsorge tatsächlich interaktiv. Und darum ist Seelsorge im digitalen Raum so gut aufgehoben. Darum hat sie dort ihren Sitz, Sinn und Nutzen. Die spezifischen Bedingungen des Internets tun ihr gut. Gerade das Internet und die in ihm befindlichen medialen Angebote öffnen Türen zu den Menschen. Hier können sie selbst so (inter-)agieren, wie sie es selbst möchten und wie es ihnen entspricht. Das sorgt mehr und mehr für eine Begegnung auf Augenhöhe, ja sogar für eine größere Demokratisierung der Seelsorge.

Eine, vielleicht sogar die Grundfrage des Internets lautet: Wie kommen wir miteinander in Kontakt oder in die Begegnung? Und das ist doch zugleich eine zutiefst seelsorgliche Frage. Auch in der Seelsorge geht es um die Begegnung und um ein In-Kontakt-Kommen.

Wir wissen, dass Botschaften auf verschiedene Ohren stoßen können. Wir wissen auch, dass es verschiedene Wege braucht, um die Botschaften hörbar werden zu lassen, weil wir mit verschiedenen Ohren hören. Niedrigschwelligkeit, also die Chance, möglichst viele verschiedene Ohren zu erreichen, erlangen wir durch eine Vielfalt an Angeboten. Insofern können wir nur sagen: Seelsorge im Internet – wo denn sonst?!

Wir sind alle Menschen, aber eben nicht alle gleich. Manche Menschen schreiben lieber. Andere möchten sehen und gesehen werden. Wieder andere schreiben erst mal, um dann das Medium zu wechseln. Andere sprechen am Telefon. Der digitale Raum hat all das und noch mehr im Angebot, und zwar bei aller verbindlichen Unverbindlichkeit. Die kommunikative Grundhaltung bietet Freiraum. Ein Raum, in dem ich mich öffnen mag und öffnen kann. Wir brauchen das seelsorglich nur aufzugreifen und uns darauf einzustellen. Die Erfahrung zeigt dabei, dass gerade die Paradoxie »Nähe durch Distanz« es den Ratsuchenden ermöglicht, sich relativ schnell zu öffnen und auch sehr persönliche Themen anzusprechen.

Nicht jeder ist gleich in der Lage zu einem Face-to-Face-Kontakt. Manche brauchen Anonymität, andere gerade nicht. Niemand kann in einen anderen Menschen hineinschauen. Das kann nur in einem Gespräch, einer Begegnung geschehen, wenigstens ansatzweise und soweit es die andere Person zulässt. Darum wissen wir erst einmal nicht, wie es ihr geht. Viele wissen das ja selbst nicht. Wir wissen erst mal nicht, woran oder worunter sie leidet. Wir kennen ihre Geschichte nicht und nichts von ihren Lasten und nichts von ihren Ressourcen. Darum sind Orte und Gelegenheit der Begegnung nötig. Und eine Haltung, die fragt und nicht urteilt oder bestimmt. Und weil Menschen unterschiedlich sind und unterschiedliche Fragen und Hintergründe haben, brauchen wir ein vielfältiges Angebot.

Wir brauchen also unterschiedliche Türen zur Seelsorge oder Beratung, verschiedene Wege und Kommunikationsangebote, und doch findet überall Ähnliches statt: Wir fördern das Leben unseres Nächsten. Und wir teilen die Erfahrung und den Zuspruch, dass der Nächste heilsam ist, allein durch sein Dabeisein. Denn es ist nicht gut, dass der Mensch allein ist und eine dreifache Schnur reißt nicht so leicht. Wir stärken die Lebens- und Glaubensgewissheit der Menschen. Wir helfen dabei, die persönliche Resilienz und Problemlösekompetenz zu erweitern. Wir schenken Zeit, Ermutigung, Wertschätzung, Nächstenliebe, sprechen Vergebung zu und Segen. Und das ist wichtig, gerade in diesen Corona-Klimawandel-Kriegs-Krisen-Zeiten, wo so vieles anders ist und wegbricht, neu gelernt und ausprobiert oder weggelassen werden muss.

Als Menschen sind wir »wireless« unterwegs. Hin und wieder brauchen wir eine Dockingstation, um zur Ruhe zu kommen, aufzuladen, uns neu zu orientieren, mit anderen zu verbinden, um weitergehen zu können. Es wäre ein Segen, wenn dieser Ort, wo wir Netz finden, auch die Kirche mit ihren Seelsorge- und Beratungsangeboten ist.

Auch wenn viele immer noch von den »neuen Medien« sprechen: Digitale Seelsorge wird bereits seit fast 30 Jahren durchgeführt und angeboten. Und sie ist mit den sich entwickelnden Möglichkeiten und neuen Gewohnheiten mitgewachsen. Als 1995 die E-Mail-Seelsorge durch Jakob Vetsch in der Schweiz eingerichtet und aufgebaut wurde, war E-Mail das Kommunikationsmedium im digitalen Raum schlechthin. Mit dem Erscheinen erster sogenannter Communities, wie FunCity, kam dann die Möglichkeit zu chatten hinzu. 2002 entstand die Chatseelsorge der Landeskirche Hannovers (https://chatseelsorge.evlka.de), gemeinsam mit der Kirche im Rheinland. Und vieles änderte sich nochmal mit der Erfindung des Smartphones 2007 von Apple. Es sorgte vor allem für eine andere Haptik aufseiten der Nutzer und läutete den Siegeszug der kleinen Taschenallrounder ein, die wir heute noch bewundern und täglich viele Stunden nutzen. Jetzt können wir aussuchen, ob wir E-Mails schreiben, chatten oder doch lieber die Kamera für ein Videogespräch aktivieren. Und nicht selten passiert das alles zeitgleich und zudem mobil. Immer und überall sind wir nicht nur erreichbar, wir erreichen auch andere ganz unabhängig von Raum und Zeit und dabei auf dem Kanal, der uns im Moment oder für dieses Anliegen am besten erscheint. Mittlerweile sind die Möglichkeiten noch weitergewachsen. Systeme für Videokonferenzen sowohl mit Kamera als auch mit Avataren sind dazugekommen. Die Datenübertragung und damit die Stabilität der Verbindung auch von unterwegs wird immer besser und ermöglicht auch eine Kommunikation von unterwegs oder aus fernen Ländern. Social-Media-Plattformen vernetzen Menschen weltweit miteinander und sorgen für einen Kontakt auf Augenhöhe. Gleichzeitig sind Einzelne zu Influencern gewachsen, die mitunter viele Tausend sogenannter Follower haben und auf deren Wort gewartet und deren Ratschläge und Ideen befolgt und ausprobiert werden. Dabei geht es zum einen um Marketing, zum anderen um Sinnfragen und Lebenshilfe. Und es ist erstaunlich, wie offen Menschen hier miteinander kommunizieren, wie sehr sie sich selbst zeigen und ihre Probleme oder Herausforderungen beschreiben, wie sehr sie dem Gegenüber, aber auch dem digitalen Raum trauen, unabhängig von allen Fragen zu Datenschutz und mehr. Was bedeutet das für die Seelsorge? Welche Schlussfolgerungen, vor allem, welche Ermutigungen für unsere Arbeit und Angebote ziehen wir daraus?

Viele Menschen suchen im Internet nach Antworten auf ihre Fragen. Laut der international am meisten genutzten Suchmaschine Google stellten die Menschen im Jahr 2020 weltweit mehr als jemals zuvor die Frage nach dem Warum: Warum sterben so viele Menschen an Corona? Warum brennen in Australien die Wälder? Warum ist Empathie so wichtig? Warum ist Demokratie wichtig? Die Menschen fragten nach dem Leben und seinen Zusammenhängen und Kontexten.

Im Jahr 2021 fragten die Menschen u. a.: Wie werde ich gesund? Wie kann ich auf meine psychische Gesundheit achten? Wie bleibe ich stark? Wie kann ich meine Widerstandskraft verbessern? Was ist meine Aufgabe im Leben? Wie können wir den Planeten schützen?

Im Jahr 2022 suchten die Menschen Antworten auf die Fragen (vgl. https://about.google/stories/year-in-search/): Wie kann ich mein Leben verbessern? Kann ich mich verändern? Wie kann ich positiver sein? Wie kann ich meine Einstellungen ändern? Kann ich es schaffen?

Das sind im Kern seelsorgliche Fragen. Fragen nach dem Leben und Überleben, nach Ressourcen und Kraftquellen, nach Identität und Identifikation, nach Umkehr und Neuanfang, nach Sinn und Auftrag.

Und auch wenn das nur ein Schlaglicht, ein kleiner Ausschnitt aus der weltweiten Suchbewegung der Menschen ist, wird für mich deutlich: Menschen haben immer noch Fragen und sie suchen ihre Antworten im Internet. Das heißt, Menschen vertrauen dieser Suchmaschine, diesem digitalen Ort und auch den Antworten und Antwortgebern. Natürlich werden noch viel mehr Orte und Menschen befragt, nicht nur digital, sondern auch analog, aber bei den vielen Nachrichten über digitale Trends, über Phänomene wie »Hate Speech« und »Fake News« und viele, viele weitere Oberflächlichkeiten dürfen wir nicht vergessen, dass der digitale Raum vielfältig ist und immer noch ein Ort der Begegnung, des Miteinanders, der Vernetzung und des Austausches ist. Menschliche Grundbedürfnisse wie Zugehörigkeit, Solidarität, Information und Teilhabe finden hier ihre entsprechenden positiven Antworten. Es ist viel Vertrauen im Netz. Das darf uns für Seelsorge ermutigen und auch anspornen.

Laut ARD-ZDF-Onlinestudie 2022 nutzen vier von fünf Personen in Deutschland das Internet täglich (https://www.ard-zdf-onlinestudie.de/). Das sind 80 Prozent der deutschsprachigen Bevölkerung ab 14 Jahren. Die User und Userinnen ab 14 Jahre nutzten durchschnittlich rund 234 Minuten, oder knapp vier Stunden am Tag, das Internet. 160 Minuten verwenden sie davon zur Mediennutzung. Dazu gehören das Ansehen von Videos, Hören von Audios, Podcasts, Radiosendungen oder Musik über Musikstreaming-Dienste, das Lesen von Zeitungen und Zeitschriften sowie das Lesen von Texten auf Onlineangeboten von Fernsehsendern und auf Social-Media-Kanälen. Rund eine Stunde wird für die persönliche Kommunikation verwandt und eine weitere Stunde für Sonstiges. Die Gruppe der 14- bis 29-Jährigen verbringt fast sieben Stunden täglich aktiv im Netz. Entsprechend mehr nutzen die Jugendlichen und jungen Erwachsenen die medialen Angebote (284 Minuten), aber auch die private Kommunikation (100 Minuten) und die sonstige Nutzung (133 Minuten) legen gegenüber dem Erwachsenendurchschnitt zu.

Von den Videodiensten ist YouTube insgesamt die meistbesuchte Seite. Facebook und Instagram sind weiterhin die größten Social-Media-Netzwerke, gefolgt von TikTok und Snapchat, Pinterest, Twitter und Twitch. Weit über die Hälfte der Angebote und Webseiten wird mobil angesteuert, vor allem mit dem Smartphone.

Wenn wir also fragen, wo die Menschen sind, dann finden wir im digitalen Raum eine der wichtigsten Antworten. Der digitale Raum ist gut gefüllt mit unseren Familienmitgliedern, Nachbarn, Freunden und Fremden. Die Menschen verbringen gerne und viel Zeit dort, surfen von einem Angebot zum nächsten oder auf dem Sofa zu Hause im Heimkino. Der digitale Raum ist längst zu einem immer verfügbaren, immer geöffneten und selbst zu gestaltenden Lebensraum geworden.

Off- und Online werden zusammengedacht. Und für die meisten Menschen gehört das eine zum Leben genauso dazu, wie das andere. Das Leben im Netz und die Kommunikation dort, wird als genauso echt empfunden wie in der präsentischen Welt. Wir leben digital bzw. eng verbunden mit digitalen Mitteln als täglicher Begleiter, viele Werkzeuge in einer Hand/in einer Maschine, handhabbar und damit auch mit dem Gefühl unterwegs, die Welt in der Hand zu haben, das Leben managen zu können. Und somit bringen die Menschen ihre Digitalität auch mit in die Seelsorge. Und wir dürfen davon ausgehen, dass sie, bevor sie zu uns kommen, ihre Themen, Probleme und Herausforderungen längst per Suchmaschine abgeklopft haben. Genauso werden schließlich wir als Anbieter, aber auch unsere Antworten und Hilfestellungen online überprüft, hinterfragt und mit weiteren Informationen ergänzt oder ersetzt.

Während der Höhepunkte der Coronapandemie wurden technische Hilfsmittel gern genommen. Was hätten wir verpasst, wenn wir nicht so schnell es ging, auf Videokonferenz-Systeme, Streaming und digitale Gesprächskanäle ausgewichen wären. Viel Kreativität und Wagemut wurde gezeigt und belohnt. Und auch wenn die Coronapandemie abzuklingen scheint, wir müssen uns gleichzeitig doch schon auf die nächste Herausforderung dieser Größenordnung einstellen. Es wäre gut, wenn wir dann auf erprobte Werkzeuge und eingeübte Praktiken zurückgreifen könnten. Auch darum ist es so wichtig, dass wir jetzt verstärkt in digitale Kanäle investieren und uns mit ihren Konsequenzen und ihrer Bedienung vertraut machen. Loggen wir uns also ein.

Zur Haltung in der digitalen Seelsorge

Wir bewegen uns mittlerweile in zwei verschiedenen Räumen, und das oft gleichzeitig. Wir sind offline und online unterwegs. Wir leben »kohlenstofflich« in der realen, nicht-virtuellen Welt und ebenso sind wir in der realen, aber virtuellen Welt aktiv und lebendig. Natürlich macht das noch nicht jeder Mensch und natürlich nicht jeder Mensch immer. Aber längst ist es auch kein Phänomen der Jugend oder jungen Erwachsenen mehr. Die Mediennutzung in unserer Gesellschaft insgesamt ist vielfältig und diffus geworden. Viele Menschen streamen oder verfolgen ein Fernsehprogramm und sind gleichzeitig mit dem Tablet oder Smartphone, dem sogenannten »Second Screen«, auf YouTube oder in den sozialen Medien aktiv. Die Grenzen verschwimmen und werden durchlässiger. Wir schippern gleichzeitig auf mehreren Kanälen. Die Online-Welt wird dabei genauso intensiv und real wahrgenommen wie die Offline-Variante. Durch das Smartphone, durch Wearables wie Smart-Watches oder Tracker und durch das mobile Internet gibt es für viele Menschen zwischen diesen beiden Welten kaum noch Grenzen, kaum noch einen Unterschied. Egal, wo wir uns befinden, wir können hier vor Ort und online überall sein.

Für die Seelsorge bedeutet diese veränderte Lebens- und Wahrnehmungsweise neue Herausforderungen, mit denen sie umzugehen und worauf sie sich einzustellen hat.

Früher war es klar und unumstritten: Seelsorge findet im abgeschirmten Raum statt. Das »Unter-vier-Augen-Prinzip« (face to face) war leitend. Auf die Verschwiegenheit der Seelsorgerin oder des Seelsorgers konnte man sich verlassen, nichts würde je von dem Gespräch nach draußen dringen. Und selbst wenn man sich, wie im Gemeindealltag so oft geschehen, zwischen Tür und Angel traf und sprach, so war man doch irgendwie für sich, sorgte mit gedrehtem Rücken und flüsternder Stimme für einen dezenten Rahmen der

Abgeschiedenheit, auch als Zeichen für andere: Bitte gerade nicht stören!

Und es war auch so, je länger das Gespräch dauerte, je ernster die Themen, je dichter die Atmosphäre, desto mehr Seelsorge geschah gefühlt gerade – egal, ob es tatsächlich so war. Wer wollte es auch beurteilen?

Tja, und dann kamen das Internet und die Digitalisierung. Die Frage, wer eigentlich beurteilen könnte, wann was schon oder noch Seelsorge sei, wurde – wie die Mediennutzung – ebenfalls immer diffuser. Sind es die Anliegen, die es definieren und mit ihnen die religiöse Bindung? Oder die Dauer des Gesprächs? Oder die Verschwiegenheit? Und kann ein Bild, ein Video, ein Podcast in einem der Social-Media-Kanäle schon ein seelsorgliches Angebot darstellen, kann das schon Seelsorge sein? Und wenn nicht, was braucht es dann noch und wer bestimmt diese Kriterien eigentlich?

Nur eines wurde immer klarer: Eins zu eins lässt sich Offline-Seelsorge nicht in den Online-Raum transportieren. Und: Wir können nicht mit unseren analogen Kriterien und Kategorien digitale Angebote angemessen beurteilen. Zwischen WhatsApp und Twitter muss Verschwiegenheit anders gedacht werden (Stichwort »Datenschutz«). Bei Facebook ist »face to face« anders definiert. Das Internet sorgt für eine neue Bewertung dessen, was wir unter Seelsorge formal und inhaltlich verstehen dürfen. Es sind eben zwei unterschiedliche Räume und Realitäten, in denen wir uns da (oft) gleichzeitig bewegen. Wer sie dennoch gleichsetzt und in beiden gleich agiert, wird weder den Räumen und ihren Angeboten gerecht noch den Menschen, die sie nutzen. Wir brauchen neue Definitionen. Digitalisierung ist umfassender und umwälzender als nur die Umwandlung von analogen Daten in digitale. Digitalisierung verändert, wie wir miteinander umgehen, wie wir arbeiten, und das, was bei unserer Arbeit und durch unsere Arbeit geschieht. Es verändert darum auch unsere Theologie und unser Dasein an sich. Wir brauchen darum Begriffe, die weiterreichen als das, was bisher Seelsorge beschrieben hat, denn auch der digitale Raum ist weiter, ja grenzenlos. Und das ist gut so, denn für die Seelsorge ergeben sich so ganz neue Möglichkeiten.

Was tut Seelsorge eigentlich? Nehmen wir nur einmal das Wort beim Wort, dann sorgt Seelsorge für die Seele. Wobei mit »Seele«

nach biblischem Verständnis aber nicht nur ein Teil des Menschen benannt wird, der irgendwo im Körper liegt und immateriell, vergeistigt vorhanden ist. Unter Seele versteht die Bibel im Großen und Ganzen den Menschen in seinem vollen Personsein. Die Seele, das bin ich und das bist Du in der Gesamtheit. Das Verständnis der Bibel von »Seele« ist natürlich im Detail vielfältiger, besonders in den jüngeren Schriften. Trotzdem möchte ich den roten Faden von hebräisch »nefesch« und griechisch »psyche« im Kern so zusammenfassen: Der Mensch hat nicht nur eine Seele, er ist eine Seele (Gen 2,7).

Leib und Seele lassen sich nicht voneinander trennen, und wir sollten es auch nicht versuchen (Hinterhuber 2001; Haberer 2022). Stattdessen dürfen wir den Menschen so anschauen, wie Gott ihn geschaffen hat: mit allen Ressourcen, mit allen Schwierigkeiten, mit allen Begabungen und allem Scheitern, mit körperlichen und spirituellen Bedürfnissen. Und wir dürfen selbst offen und neugierig sein, denn nicht wir haben die Lösungen in der Hand, sondern sind lediglich und Gott sei Dank angefragte und beauftragte Ansprechpersonen auf dem Weg, Lebensabschnittsbegleiterinnen und -begleiter, die sich ihrer Möglichkeiten und Grenzen bewusst sind (vgl. EKD 2020, S. 15 f.).

Wer Seelsorge betreibt, sorgt sich darum vom biblischen Wortsinn her um das Leben der Person ganzheitlich. Oder kurz gesagt: Seelsorge fördert das Leben der Menschen. Das ist ihr Anspruch und es bleibt ihr Zuspruch.

Wir können das aber natürlich nur im Sinne der Hilfe zur Selbsthilfe tun. Weder wissen wir, was andere Menschen glücklich macht, noch schreiben wir ihnen vor, was sie zu tun oder zu lassen haben. Wir sorgen vielmehr dafür, dass die Seelsorgepartner für sich selbst, für ihre eigene Seele sorgen können. Dazu hinterfragen wir. Dazu ermutigen wir. Dazu begleiten wir und rüsten, wenn nötig mit den nötigen Kompetenzen und Ressourcen aus und bringen diese auch selbst mit. Darum sprechen wir von Vergebung und Neuanfang, von Wertschätzung und Hoffnung. Darum leben wir das selbst vor, so gut wir können, wann und wo immer es geht. Denn Seelsorge umschreibt »ein Reden und Handeln im Sinne des christlichen Glaubens« (Drechsel/Kast-Streib 2017, S. 101), das Beziehung anbietet, in Kontakt bringt, Begegnung ermöglicht und damit das Leben im Kern als »Lebens-Mittel«

unterstützt und unterhält. Seelsorge als »Lebensunterhaltung« (S. 113). Ein schönes Wortspiel im Sinne der Straßen- und Gebäudeunterhaltung, aber auch im Sinne der Lebensunterhaltung, in der Unterhalt und Unterhaltung vorkommen darf. Digitale Seelsorge nimmt das auf und überträgt es in den Online-Raum als eine »Seelenunterhaltung«. Oder anders gesagt: eine Soul-Care-Arbeit, die den ganzen Menschen im Blick hat. Seelsorge hilft, dass das Lebenshaus heil wird oder bleibt, trotz Unheil, trotz Krankheit, trotz Schuld oder Versagen. Seelsorge hat »Trotz-Kraft«. Sie hat eine lebensbejahende Grundhaltung und unbändiges Urvertrauen in Glaube, Liebe und Hoffnung. Sie weiß sich geborgen in menschlicher Gemeinschaft und in gutem Kontakt mit einer Wirklichkeit, die größer ist als alles Sichtbare und als sie selbst. Sie kennt sich aus mit und hat Erfahrung in Gebet und ankernden Ritualen. So hat Seelsorge Anteil an der Förderung von Wohlergehen und Gesundheit, von Lebendigkeit und Beziehungsfähigkeit (vgl. Ex 15,26; Mt 8,8; 25,36; Lk 18,42; Jak 5,13 ff., vgl. auch die Erwartungshaltungen an Seelsorge: Lammer 2020.). Nur hier eben im Internet. Wir versuchen also eine »digital soul care« anzubieten, eine digitale Seelsorge, in der sich aufgrund der Eigenheiten des Mediums immer wieder das allgemeine kirchliche Tun mit dem speziellen und individuellen Kontakt abwechselt, vermischt oder voneinander abgrenzt, auf jeden Fall aufeinander bezieht und miteinander handelt. Das allgemeine Handeln der Kirche, ihr Auftrag für alle, kann im Internet schneller als im analogen Kontext persönliche und individuelle Relevanz gewinnen. Das kann selbst unbeabsichtigt passieren. Persönliche, ja individuelle Ansprache, erfährt dagegen im digitalen Raum immer wieder auch allgemeine Aufmerksamkeit und wird so zu einem Ausdruck des allgemeinen Handelns. Der Adressatenkreis vergrößert sich plötzlich, weil zum Beispiel Inhalte weitergeleitet, geteilt und veröffentlicht werden. Die Grenzen sind also nicht trennscharf und sollen es auch nicht sein. Digitale Seelsorge muss sich darum »agil« verhalten und so mitgehen, wie es die Menschen brauchen bzw. es die Entwicklung verlangt.

Auch wenn Seelsorge nicht Teil traditioneller Heilverfahren oder des medizinischen Heilungsverständnisses ist, so kann es doch Teil des Prozesses sein, um Menschen im Gesundwerden und Gesundbleiben zu fördern und in den Unterbrechungen oder gar Abbrüchen

dieses Weges zu halten, zu begleiten und zu segnen. Seelsorge sollte daher einen salutogenetischen Ansatz verfolgen, der Menschen nach diesen drei Kriterien begleitet:
- Ich bin in einem guten Kontakt mit mir und meiner Umwelt.
- Ich erlebe mich selbstwirksam und verfüge über die nötigen Fähigkeiten.
- Ich weiß, was mir wichtig ist, und setze diese Werte Schritt für Schritt in meinem Leben um. Dabei gehe ich individuell meinen persönlichen Weg.

Diese Kriterien oder Perspektiven können die Seelsorge in ihrer Arbeit leiten. Sie wirken dabei wie ein Kompass, der die Richtung vorgibt und immer wieder dabei hilft, sich nicht in der Komplexität der Aufgabe zu verlieren. Seelsorge als Wegbegleiterin der Salutogenese zu verstehen, schätzt auch noch einmal mehr die Arbeit als solche wert und gibt dem kirchlichen Handeln eine weitere, unschätzbare Relevanz. Sie hilft vor allem, die Seelsorge aus dem religiös-privaten Raum in eine gesellschaftlich bedeutsame Öffentlichkeit zu ziehen. Kirche kann so noch einmal neu die eigene Muttersprache stark machen und zur gesellschaftlich relevanten Stimme werden. Eine offene, lebensnahe und alltagstaugliche Spiritualität ist dabei eine der wesentlichen Ressourcen zu einem guten Leben und Sterben. Ein Anker in Zeiten der Krankheit und des Unheils. Ein Trost in Schuld und Umkehr. Die Besonderheiten und Eigenschaften der digitalen Seelsorge können sich in besonderem Maße hieran bedienen und diese nutzen.

Auf die salutogenetische Frage »Was hält den Menschen gesund?« dürfen wir gerne auch mit »Seelsorge« antworten, eben weil wir in der Seelsorge ressourcenorientiert und spirituell gegründet in Worten, Taten und Ritualen wichtige menschliche, lebensfördernde »Lebens-Mittel« im Angebot haben: Was hält mich bei mir und dem, was mir im Leben wichtig und dauerhaft hilfreich ist? Was trägt mich im Leben und im Sterben? Wer und wie möchte ich sein, in dieser Situation, in diesem Leben? Wie möchte ich gerne auf diese Gegenwart in ein oder zwei Jahren zurückblicken und was dann erkennen, erleben oder wachsen sehen? Es können solche und ähnliche Fragen sein, die das Lebens-Mittel Seelsorge versprachlichen und wirksam werden lassen.

Und Freude bereiten, also mit einer positiven, wertschätzenden und einer vielleicht sogar gelösten, weil erlösten Grundstimmung darf Seelsorge auch stattfinden. Denn Seelsorge weckt Ressourcen und findet Perspektiven. Sie dreht sich nicht um sich selbst, sondern ist offen für ihr Gegenüber. So ist Seelsorge tatsächlich im besten Sinne Teil der »Lebens-Unterhaltung«. Gesunde Spiritualität fördert Gesundheit, wie eine amerikanische Studie dokumentiert (JAMA 2022). Und wir als Seelsorgende sind als Lebensunterhalter unterwegs. Etwas, das uns mit vielen anderen Lebensunterhalterinnen und Lebensunterhaltern aus den unterschiedlichsten Fachrichtungen in der weiten Welt der Care- und Gesundheitsberufe verbindet.

Als Seelsorgerinnen und Seelsorger bringen wir dazu eine Vielzahl an wichtigen Kompetenzen und Haltungen mit. Digitale Seelsorge findet zum einen in schriftlicher Form statt. Wir haben es also ausschließlich mit Texten zu tun. Visuelle, auditive, kinästhetische, olfaktorische und gustatorische Sinneseindrücke fehlen und müssen, soweit nötig und möglich, aus dem Text erfragt und erschlossen werden. Im Videogespräch wird »nur« ein Ausschnitt der Person sichtbar. Eine gewisse Portion Neugierde ist in der Begegnung mit dem Text oder dem Bildausschnitt und den Personen jeweils dahinter also unerlässlich für eine verantwortungsbewusste Seelsorge. Wir wollen darum eine unwissende, fragende Haltung einnehmen, die Vorfreude auf den Menschen auf der anderen Seite der Leitung spürt und Lust auf den Kontakt hat. Dies sollte sich dann mit den drei Grundhaltungen nach Carl R. Rogers (1975) verbinden: Wertschätzung, Empathie und Echtheit.

Wertschätzung bedeutet, das Gegenüber so anzunehmen, wie es ist und sich zeigt. Es geht darum, den Menschen als eigenständiges Wesen zu respektieren, mitsamt einer eigenen Gefühlswelt, eigenen Gedanken und daraus resultierenden eigenen Handlungen. Unsere Aufgabe ist es nicht, dieses zu bewerten, zu beurteilen oder sonst eine Meinung dazu zu haben. Unsere Aufgabe ist es, dem, was uns geboten wird, so vorbehaltlos wie möglich und so wertfrei wie wir können zu begegnen. Wir müssen nicht mit allem einverstanden sein, was das Gegenüber sagt oder zeigt, aber es ist unsere Aufgabe, in der Seelsorge wertschätzend zu arbeiten. An dieser Stelle ist es wichtig, auf die eigene Neutralität hinzuweisen. Wertschätzung wird manchmal so verstanden, als würden wir dadurch auch eine Stellung beziehen und uns zu einer Art Anwalt oder Verfechter der Ratsuchenden machen. Das ist aber nicht der Fall und tut auch der Seelsorge nicht gut, weil es die Blickwinkel für mögliche Hilfen und Lösungswege, auch Ressourcen einengt. Stattdessen ist Empathie wichtig. Unter Empathie wird die Fähigkeit verstanden, sich in die Perspektive und Gefühle einer anderen Person hineinzuversetzen, wohl wissend, dass man sprichwörtlich nicht »in deren Schuhen geht«, aber doch versucht, die Welt mit den Augen des Gegenübers zu sehen und die benannten Erfahrungen und Gefühle zu verstehen. Das Verstehen hat also Grenzen und es gehört zur menschlichen Erfahrung, den anderen niemals ganz und gar verstehen und durchschauen zu können, oft versteht man sich ja selbst nicht richtig … (vgl. Ex 20,4; 1 Sam 16,7). Der Versuch erzeugt aber doch beim Gegenüber das Erleben und die Gewissheit, verstanden und wertgeschätzt zu werden, wodurch ihm oder ihr ein Raum geöffnet wird, eigene Gefühle und Bedürfnisse besser nachvollziehen und sich selbst besser annehmen zu können. Aus der kurzen Aufzählung von Carl Rogers folgt dann noch die Echtheit oder Kongruenz. Sie bezeichnet die Fähigkeit, sich selbstgewiss und glaubwürdig zu zeigen. Man ist als Seelsorgende mit sich selbst im Reinen, kennt die eigenen Tiefen und Untiefen und wird darum als authentisch, klar und transparent erlebt. Es ist auch die Echtheit, die Grenzen setzt und Grenzen akzeptiert.

Für die digitale Seelsorge braucht es außerdem eine Digitalkompetenz. Dazu zählt auch die Kompetenz für den Umgang mit technischen Geräten und Hilfsmitteln, wie zum Beispiel Monitor, Kamera, Mikro, Maus oder USB-Stick. Die Digitalkompetenz bezieht sich auf die Fähigkeit, digitale Technologien und Kommunikationskanäle sicher und effektiv zu nutzen, um Menschen mit ihren Anliegen und in ihren Herausforderungen zu unterstützen. Der sichere Umgang mit dem eigenen Computersystem sowie mit Chat-, E-Mail- und Videogesprächs-Programmen gehört dazu, aber auch externe Tools wie Whiteboards, Systembretter, Umfragen, Apps und vieles mehr. Digitalkompetenz umfasst also nicht nur das Verständnis der technischen Aspekte der digitalen Kommunikation, sondern auch die Fähigkeit, angemessene Kommunikations- und Gesprächsführungsfähigkeiten in digitalen Umgebungen zu entwickeln und durchzuführen. Dies schließt nicht zuletzt auch die Fähigkeit ein, Vertraulichkeit und Datenschutz zu gewährleisten und sicherzustellen, sodass die ratsuchenden Personen sich in der digitalen Umgebung sicher und geschützt fühlen.

Unabdingbar ist natürlich die Lese- und Schreibkompetenz und besonders für das Chatgespräch, die Kompetenz, sich schnell ein Bild zu machen, eine Hypothese oder Meinung zu bilden und diese in passende Worte zu gießen. Es ist die Fähigkeit, die Bedürfnisse und Anliegen der ratsuchenden Personen angemessen zu erfassen und sie für das Gespräch zu verstoffwechseln. All das darf entsprechend erlernt, erprobt und reflektiert werden. Niemand kann aus dem Handgelenk heraus ein guter Seelsorger, eine gute Seelsorgerin sein. Das würde schnell zur persönlichen Überforderung führen und den ratsuchenden Menschen nicht gerecht werden. Seelsorgekompetenz fällt nicht vom Himmel, sondern braucht eine fundierte Ausbildung, Übung und Erfahrung. Zu den genannten Kompetenzen gehören heute auch mehr als früher Kenntnisse über psychische Herausforderungen und Störungen. Auch das Beherrschen von einigen Interventionen und ausgewählten therapeutischen Methoden zur Förderung der seelischen Gesundheit sind unabdingbar. Zwar sind die psychischen Störungen in ihrer Anzahl in der Bevölkerung nicht gestiegen, aber Menschen sind mehr und mehr sensibel für sich selbst und bereit, darüber zu sprechen und zu schreiben, was sie bewegt und belastet. Seelsorge muss hier entsprechend reagieren und kompetent und souverän sortieren helfen können.

Seelsorge sieht den Menschen, wie er ist, ohne Urteil und Ansehen der Person, aber mit all seinen Möglichkeiten und Wegen, und auch mit seiner Bedürftigkeit. Darum ist Seelsorge etwas zutiefst Menschliches. Jeder Mensch braucht Seelsorge und jedem Menschen sollte die Gelegenheit gegeben werden, Seelsorge in Anspruch nehmen zu können.

Seelsorge im Internet bietet eine wertvolle Möglichkeit zur Begegnung in einer Gesellschaft, die von zunehmender Individualisierung und Einsamkeit geprägt ist. Sie ermöglicht es den Menschen, vielfältige Wege der Kontaktaufnahme zu finden und bietet für jeden etwas Passendes. Die Schriftform der Kommunikation ist besonders hilfreich für Personen, die Schwierigkeiten haben, persönliche Kontakte aufzubauen, aufgrund von Verletzungen nicht mehr sprechen können oder sich schwertun, ihre Gedanken und Gefühle auszudrücken. Die Kommunikation im Messenger ist besonders niedrigschwellig und sorgt für eine aktive Teilhabe vieler Menschen. Die Kommunikation per Videogespräch öffnet viele weitere Informationskanäle und nähert sich einem Face-to-Face-Gespräch am meisten an. Durch die digitale Seelsorge können Menschen ihre Gedanken und Gefühle benennen, in Worte fassen und einen hilfreichen Umgang damit erlernen oder ausprobieren und so wichtige Schritte auf dem Weg zum Wohlbefinden und zur Heilung machen. Die »digital soul care« ist eine wertvolle Haltung, um uns selbst und andere besser zu verstehen, Begegnung zu ermöglichen und uns miteinander zu verbinden auf dem Weg eines guten Lebens.

Das Internet schafft (Lebens-)Räume, es ermutigt zur Teilhabe und Teilgabe und eröffnet Möglichkeiten zur Begegnung durch
- flache Hierarchien,
- ein selbstverständliches (und doch nicht verordnetes) »Du«,
- den Kontakt auf Augenhöhe,
- einen frei wählbaren Kontaktweg,
- ein schier unendliches Angebot sowie die direkte Feedbackmöglichkeit,
- Vernetzung zu Social Media und anderen Plattformen,
- die erfahrene Nähe trotz aller technischen und manchmal geografischen Distanz,
- möglichst niedrige Barrieren (Barrierearmut),
- die Unabhängigkeit von Zeit und Raum,
- die schnelle Datenübertragung und die unterschiedlichen Möglichkeiten zur Kontaktaufnahme, zu Gespräch und Begegnung (offen, anonym, teilanonym, per Video, Messenger, schriftlich, telefonisch, versteckt hinter Avatar, fremde/falsche Identitäten, …) und die Möglichkeit, diese Treffen jederzeit und ohne Angabe von Gründen einseitig zu beenden, auch ohne Konsequenzen zu befürchten,
- die Option, Treffen zu wechseln oder neu zu starten …

Wie sagt man so passend im Englischen: digitale Seelsorge »puts the client in the drivers seat«, setzt die ratsuchende Person in den

Fahrersitz. Das macht digitale Seelsorge so wirksam (vgl. auch EKD 2020). »Was willst du, dass ich für dich tun soll?« (Lk 18,41). So fragte Jesus die Menschen, die er traf. Ein Gespräch, eine Begegnung, ein Tweet oder Posting wird dann zur Seelsorge, wenn das Gegenüber es so verstanden und aufgenommen hat (Drechsel 2017, S. 38 f.). Die Deutungshoheit liegt nicht mehr beim Anbieter allein, sondern ebenso beim Empfänger, was ihn oder sie zum Seelsorgepartner, zur Seelsorgepartnerin in der Begegnung macht. Als Seelsorgerinnen und Seelsorger bleibt uns die Prozesssteuerung. Das ist immer noch sehr viel und eine große Verantwortung. Besonders im digitalen Raum erleben wir, dass nicht mehr ausschließlich der Seelsorger oder die Beraterin im sprichwörtlichen Fahrersitz das Lenkrad der Begegnung in den Händen hält, sondern genauso, wenn nicht sogar noch stärker auch die ratsuchende Person (vgl. Haußmann/Teschmer/Wiesinger/Wissner 2021, S. 16). Sie entscheidet, wohin die Reise geht, was auf dem Weg passiert und wann das Ziel erreicht wird oder ob überhaupt ein Ziel erreicht werden muss oder soll. Passt dann ein Angebot, kann es zu einer längeren und tiefen Beziehung kommen. Wird es eher als nicht passend wahrgenommen, kann der Anfangskontakt schnell abgebrochen werden, um woanders weiter zu suchen. Das, was die Nutzerinnen und Nutzer (auf diesem Kanal) für Seelsorge halten, ist (für sie) Seelsorge (vgl. Drechsel 2017, S. 102 ff.). Dass damit manchmal auch an sich Gutes verpasst wird oder übergangen wird, gehört zur Wirklichkeit dazu. Die Auswahl ist groß und viele weitere Angebote sind da. Meistens sind sie ja nur einen Mausklick entfernt. Die digitalen Medien, oder vielmehr Bedingungen des Lebens in, mit und durch sie, fordern dazu heraus, genau zu schauen, was Nutzerinnen und Nutzer suchen, brauchen und was für sie wichtig ist. Im Internet kann selbstbestimmt, anonym und sicher nach Unterstützung gefragt und psychische Hilfe, dazu gehört auch die Seelsorge, in Anspruch genommen werden. Selbstbestimmt, anonym, sicher.

Diese drei Worte fassen alles in allem gut zusammen, was Menschen bewegt, digitale Seelsorge anzusteuern. Selbstbestimmt zu entscheiden, welches Angebot, wann wie lange mit welchen Themen aufgesucht wird, ist ein hohes Gut und ein Vorteil der digitalen gegenüber der analogen Seelsorge. Es gibt Formen und Kanäle digitaler Seelsorge, die rund um die Uhr geöffnet haben, die genutzt werden können, wann immer es Not tut oder die Zeit zulässt, die mit und ohne menschliche Kontakte auskommen. Die auch sogar nur für kurze Zeit, mal eben in der Mittagspause, ja quasi nebenbei eingeschaltet und wieder abgeschaltet werden können. Und Abschalten ist wichtig, einen Kontakt beenden zu können, ohne Konsequenzen zu fürchten, ohne Erklärungen abgeben zu müssen, ohne Rechtfertigung. Manchmal öffnet das erst die Menschen und macht Mut für den Erstkontakt und die anschließende Begegnung. Diese Formen und Kanäle digitaler Seelsorge anonym nutzen zu können, senkt die Schwelle, auch unangenehme, peinliche oder intime Fragen oder Themen anzusprechen. Für alles und jeden ist Raum im Digitalen und niemand muss sich gleich mit der vollen Identität zeigen. Ein Nickname reicht oder eine vom Computersystem erzeugte Bezeichnung. Es ist eben auch Raum zum Ausprobieren, Antesten und unverbindlichen Reinschnuppern. Sowohl in sich selbst als auch in das Angebot. Dass das auch Nachteile hat, ausgenutzt und missbraucht werden kann, werden wir noch sehen. Für echte ratsuchende Personen aber ist es ein Segen, der nicht hoch genug eingeschätzt und wertgeschätzt werden kann. So fühlen sie sich sicher und finden Vertrauen. Datenschutz spielt dabei auch eine Rolle, aber gar nicht so sehr die wichtigste. Sich bei der seelsorgenden Person oder im Angebot an sich sicher und willkommen zu fühlen, ist manchmal wichtiger als alles andere. Das zeigen die vielen Anfragen unter anderem auf Social Media und aus den Erfahrungen von (nicht nur kirchlichen) psychologischen, beratenden und auch seelsorgenden Kanälen und Angeboten.

Online gut in Kontakt kommen

Es kostet Menschen Kraft und Mut, wenn sie sich an eine Beratungsstelle oder ein Seelsorgeangebot wenden, um Hilfe zu bekommen. Oft liegt bereits ein langer Weg des persönlichen Leidens und der Suche nach Auswegen, Unterstützung oder Verständnis hinter ihnen. Oft genug haben sie auch schon manchen Ratschlag gehört, manche Ideen versucht umzusetzen und manche Rückschläge erlitten. Gefühle wie Scham, Resignation und ein vermindertes Selbstbild kommen hinzu. In Präsenz fällt es Menschen häufig noch schwerer, denn hier zeigt man sich ja mit Gesicht und Körper, mit Stimme und Kleidung – die Selbstoffenbarung ist um ein Vielfaches höher als im digitalen Raum. Die Hemmschwelle entsprechend höher. Viele wollen auch den Pfarrer oder die Pfarrerin nicht belästigen, halten ihre eigenen Probleme für nicht wichtig genug oder glauben aufgrund von schlechten Erfahrungen mit Hilfsangeboten auch nicht, dass sich noch jemand für sie und ihre Thematiken interessieren könnten. Manche nutzen die kurzen Momente an der Kirchentür nach dem Gottesdienst zum »Tür-und-Angel«-Gespräch, das oft genug wenig hilft, aber das schlechte Gewissen beruhigt. Die Folge ist, dass es viel mehr Menschen mit Beratungsbedarf gibt, als bei uns in der Seelsorge auftauchen.

Wir, auf der anderen Seite des Tisches, sehen natürlich die viele Arbeit, die täglich zu leisten ist. Die Kalender sind oft über Wochen und Monate belegt. Trotzdem muss die Frage/Reflexion erlaubt sein, wen wir eigentlich erreichen und wer bei uns durch das Raster und die Aufmerksamkeit fällt. Wie können wir als Seelsorge die Prioritäten so setzen, unseren Blick weiten und unsere Angebote und Betriebsamkeiten dem tatsächlichen Bedarf anpassen?

Vollends barrierefrei ist der digitale Raum natürlich auch nicht. Hier muss ich die Technik zur Verfügung haben, ein Smartphone besitzen oder zumindest vertrauensvoll nutzen können. Hier brauche ich einen Anschluss an das Internet und entsprechende Kompetenzen in der Bedienung der Apps oder Webseiten. Ich muss lesen und schreiben können und mich das auch trauen.

Trotzdem sind die Schwellen digital niedriger als in Präsenz. Ratsuchende können aus der bekannten Umgebung ihres Hauses eine Hilfe aufrufen und in Anspruch nehmen. Sie sind nicht an Öffnungszeiten gebunden, können sich auch mal in der Mittagspause darum kümmern oder sogar bei leichter Erkrankung oder Erkältung und müssen keinen Aufwand betreiben, um irgendwohin zu fahren. Das spart auch Kosten und stärkt die persönliche Autonomie. Viele Angebote bieten einen anonymen Zugang an. Das heißt, ohne den realen Namen nennen oder eine Adresse angeben zu müssen, lässt sich ein Zugang zur Seelsorge einrichten, der die innere Freiheit schenkt, offen und direkt die Probleme oder Herausforderungen zu benennen.

Der Einsatz der Technik selbst, das Smartphone, Tablet oder der Computer, sorgt selbst noch einmal für eine weitere Distanz, wobei ich selbst eher von größerer Souveränität spreche. Seelsorge zu suchen, ist ein Akt von Selbstermächtigung und schon in sich selbst Selbst-Seelsorge, die es zu würdigen und wertzuschätzen gilt. Und vielleicht gelingt diese Selbstermächtigung deswegen, weil die Technik dabei hilft, auch mich selbst in einer etwas größeren Distanz zu betrachten, mich selbst und mein Problem. So erlebe ich es immer wieder, dass Menschen gerade mit schambehafteten Themen in die Seelsorge kommen und diese Chance nutzen, um sich auszusprechen und gehört zu werden. Und dabei Nähe nicht nur trotz der technischen und eventuell auch geografischen Distanz erleben, sondern diese Nähe geradezu durch die Distanz erleben, die ihnen guttut und hilft. Eben nicht zusammen in einem Raum zu sitzen, ist hilfreich. Eben nicht den anderen Menschen zu sehen und zu spüren, Gestik und Mimik zum Beispiel wahrzunehmen, sorgt für Verstehen. Spannend! Das ist das Geheimnis des Online-Raumes. Und das ist das Geschenk des Online-Raumes an uns beratende und ratsuchende Menschen.

Dass sich Menschen bewusst und ehrlich Zeit für sie nehmen wollen, ihnen zuhören und sie verstehen wollen, das kennen viele oft nicht oder haben es so nur sehr selten erlebt. Der digitale Raum aber schlägt eine Brücke und verbindet Menschen über alle Grenzen hinweg miteinander. Es gibt kein Thema und kein Problem, das nicht in der digitalen Seelsorge angesprochen und behandelt werden könnte. Und es gibt kein Alter, keine Hautfarbe, keine religiöse Identifizierung, keine Herkunft, keine Geschlechtsidentität, keine Einkommenstabelle oder anderes, das daran hindern könnte. Gerade weil alle identifizierenden Merkmale wegfallen und damit auch alle bewussten und unbewussten Interpretationsmöglichkeiten, kann ich mich so geben, wie ich wirklich bin und frei und ungezwungen mitteilen.

So ermöglicht der digitale Raum auch denen Teilhabe an seelsorglichen Angeboten, denen sie sonst nicht offenstanden. Und sei es auch nur, weil die Grenzen in den eigenen Köpfen es ihnen bisher verwehrten. Nun stehen die Türen aber auch denen offen, die wegen einer seelischen/psychischen oder körperlichen Einschränkung nicht in eine Präsenzberatung gekommen wären, weil der Weg zu beschwerlich oder die Angst zu groß waren.

Ein Nickname als persönliches Pseudonym und eine unverfängliche E-Mail-Adresse, mehr wird meistens nicht gefordert, um ein Konto auf einem der gängigen Angebote zu generieren, und schon ist man dabei. Und manchmal ist nicht mal das nötig, da reichen ein paar wenige Klicks und man befindet sich im Chatraum.

Die Wertschätzung der Kontaktaufnahme oder Anfrage durch die ratsuchende Person ist wesentlich, um eine tragfähige seelsorgliche Beziehung aufzubauen. Jeder Kontakt sollte so starten oder enden. Denn damit wird den anfragenden Menschen signalisiert, dass sie willkommen sind und dass man Zeit hat und sich gerne um sie kümmern möchte. Ein ruhiger, wertschätzender, konstruktiver Ton gehört ohnehin in jede seelsorgliche und beratende Begegnung, schafft Vertrauen und ermutigt, den Kontakt fortzusetzen.

Beispielbegrüßung in einer E-Mail:
Lieber Max23, vielen Dank für deine Anfrage! Mein Name ist Sepp Seelsorger und ich werde ab jetzt für dich hier der Ansprechpartner sein. Vielleicht hat es Mut gebraucht, um sich hier bei unserem Seelsorgeangebot zu melden. Umso mehr weiß ich dein Vertrauen zu schätzen und freue mich, dass wir miteinander in Kontakt sind. Auf unserer Homepage kannst du etwas mehr über mich erfahren, wenn du möchtest. Oder du stellst deine Fragen einfach hier.

Ich sende dir nachher noch ein paar Informationen zu unseren Datenschutzbestimmungen zu. Als Seelsorge ist es uns wichtig, dass du dich hier sicher fühlst und weißt, dass wir hier offen und gut geschützt miteinander schreiben können. Wenn du noch Fragen hast, schreibe sie gerne hier auf. Ich bemühe mich um eine zeitnahe Antwort.

Im Chat ist es etwas kürzer und direkter:
Hallo Max23, danke, dass du hier im Chat bist. Mein Name ist Sepp Seelsorger und ich bin hier für dich der Ansprechpartner. Ich freue mich auf das Gespräch mit dir. Über unsere Bestimmungen zum Datenschutz kannst du dich auf unserer Seite erkundigen. Hast du noch Fragen zum Chatten oder wollen wir gleich loslegen?

Gefühlt entspricht die E-Mail mehr einem Brief. Jede E-Mail knüpft zwar an die vorherige und nachfolgende an, steht aber dennoch auch für sich selbst als in sich abgeschlossener Text. Ich verweise also in der ersten Antwort auf entsprechende Informationen zum Datenschutz oder anderen wichtigen Bestimmungen, indem ich die Links nenne oder auf Dokumente zum Download auf der Homepage hinweise. Der Chat gleicht dagegen eher einem Gespräch. Insofern lassen sich im Chat auch im weiteren Verlauf leichter nach Bedarf Informationen und Hinweise platzieren. Der Chatwechsel ist dadurch lockerer und weniger förmlich.

Beispiel zur Verabschiedung in der E-Mail-Seelsorge:
Lieber Max23, danke für deine letzte E-Mail und dein Feedback zu unserer Arbeit. Ich freue mich, dass dir unser Schriftwechsel gutgetan hat und du nun erst einmal allein weitergehen möchtest. Es war mir eine Freude, dich in den letzten Wochen zu begleiten. Danke für dein Vertrauen und deine Offenheit. Nun wünsche ich dir gutes Gelingen für deinen weiteren Weg! Wenn du wieder einmal Unterstützung oder eine Ermutigung brauchst, melde dich gerne – du weißt ja, wie du uns erreichst. Noch eine Bitte: Dieser Link führt dich zu unserem Feedbackformular. Bitte fülle es in den nächsten Tagen aus. Wie du weißt, werten wir unsere Arbeit anonym aus. Danke für deine Hilfe!

Beispiel Verabschiedung in der Chatseelsorge:
Brauchst du noch etwas von mir?
  Wenn es für dich in Ordnung ist, würde ich unser Gespräch gerne beenden. Ich danke dir für dein Vertrauen und deine Offenheit. Und ich wünsche dir für die nächsten Tage weitere Klarheit für dich und Mut, erste Schritte zu gehen. Wenn ich dich noch einmal unterstützen darf, melde dich gerne wieder.

Während eine E-Mail jedes Mal mit einer Anrede beginnt, ist das im zusammenhängenden Gespräch des Chats natürlich nicht nötig. Gezielt eingesetzt, kann aber auch hier die direkte Anrede den Inhalt betonen oder die Aufmerksamkeit neu bündeln.

Zu einem guten Joining, also einem erfolgreichen, vertrauensvollen und produktiven Zusammenfinden, und einer guten Grundlage für die Zusammenarbeit gehört vor allem in den ersten Gesprächsterminen das Klären des Settings.
Dazu gehört:
- Selbstvorstellung,
- Technik erklären,
- zu erwartende Reaktionszeit,
- Häufigkeit der E-Mails bzw. Chattermine und Abstand dazwischen,
- Grenzen ansprechen, sowohl inhaltlich als auch technisch oder vom Ablauf,
- Kontrakt oder Vertragsunterlagen/Unterschriften,
- Erreichbarkeit auch im Notfall oder bei Ausfall der Beraterin (übernimmt Kollege?),
- Hinweise und Verfahren zum Datenschutz benennen,
- auch erlaubte Unterbrechungen besprechen, falls das möglich oder nötig ist im Homeoffice: wenn Kinder im Haus bluten, rufen sie mich an oder kommen sie zu mir ins Büro,
- Kommunikation weiterer Vorgaben durch Stelle oder Träger,
- eventuell Kosten/Rechnungsstellung.

Kontrakte oder Vertragsunterlagen sind sicherlich gerade in der Seelsorge, im Gegensatz zur Beratung, eher nicht üblich. Trotzdem hilft es, als Seelsorgende diesen Punkt im Hinterkopf zu haben, denn er unterstützt die eigene Abstinenz in der Seelsorge. Was hier passiert, ist beruflicher und nicht freundschaftlicher Natur. Wer sich klar macht, dass hier gerade eine Art Seelsorgevertrag miteinander eingegangen wird, kann vielleicht eher in einer neutralen Position bleiben, als sich in bestimmter Weise zu positionieren.

Wichtige Frage: Was brauchen Sie jetzt noch, um ein gutes Gespräch zu führen? Ist noch etwas offen?

Und dann dürfen wir uns ins Gespräch stürzen, voller Vorfreude, Neugier und Lust auf diesen Kontakt und dieses Gespräch. Wer sitzt da eigentlich vor mir? Mit wem habe ich es zu tun? Was muss ich unbedingt wissen? Was kann ich auch später noch erfragen? Eignen Sie sich gerne eine gewisse »cultural awareness« an, eine kulturelle Achtsamkeit und Offenheit. Es kommen nicht nur Menschen aus unserem Kulturkreis in die Seelsorge. Manche suchen als Geflüchtete Hilfe und Unterstützung, andere sind zugewandert oder als Touristen im Land. Bestimmt bringen wir selbst auch eine Heimat- und Herkunftsgeschichte mit. Im Internet ohne Grenzen haben wir es mit einer Vielfalt an Herkünften und Hintergründen zu tun. Das ist spannend, aber möglicherweise auch eine Herausforderung. Gezielte Fragen können hier für Klarheit und Vertrauen sorgen.

Mögen Sie sich kurz vorstellen?
Was möchten Sie mir über sich mitteilen, bevor wir ins Thema einsteigen?
Was sollte ich über Sie wissen, bevor wir ins Thema einsteigen?
Wollen wir uns duzen oder siezen?

Was das Du oder Sie betrifft, spielen natürlich auch persönliche Vorlieben oder einrichtungsbezogene Vorgaben eine Rolle. In den Begegnungsräumen des Internets duzt man sich in der Regel, darum ist es nicht gleich ein Zeichen für Respektlosigkeit, wenn man ebenso angesprochen wird. Eine frühzeitige Klärung sorgt hier für eine wertschätzende Klarheit.

Für Klarheit sorgen auch Fragen, die das Thema und seine Grenzen abstecken.

Worum geht es? Was möchten Sie erreichen?
Was darf passieren, damit dieses Gespräch für Sie hilfreich und gut war? Was darf darum nicht passieren?
Gibt es Themen, die ausgeklammert werden sollten?

Manchmal ist diese Frage aber auch eher im weiteren Verlauf des Gesprächs sinnvoll, also währenddessen und nicht schon zu Beginn, um keine Hemmschwellen zu erzeugen, die sich im vertrauensvollen Gespräch gar nicht ergeben hätten.

Die Auftragsklärung ist in jedem Gespräch unverzichtbar. Sie ist der Kompass des Austausches und hilft, dass sich es für die ratsuchende Person lohnt. So wird das Ziel nicht aus den Augen gelassen und das Gespräch findet den Fokus. Wobei Auftrag nicht bedeutet, dass immer etwas gemacht, geschafft und ein Ziel erreicht werden muss. Manchmal kann der Auftrag auch darin bestehen, gemeinsam die Situation, die Gefühle und Gedanken oder sich selbst auszuhalten, da zu sein, Stille zu teilen und »nichts« zu tun oder zu schaffen. Gerade im gegenüber der E-Mail schnelleren Chatgespräch ist eine immer wiederkehrende Rückfrage nach dem Auftrag und den gewünschten Zielen sehr wichtig, weil sonst zu schnell Nebenstränge aufgenommen werden können, die ablenken und das Gespräch ausfransen lassen.

Beispiel E-Mail:
Liebe Maxi25, du hast mir jetzt schon einiges über dich und dein Problem geschrieben. Wenn du jetzt das, was du erreichen möchtest in wenigen Sätzen zusammenfassen musst, was schreibst du dann?
  Oder kürzer: Was kann ich für dich tun? Was wünschst du dir hier von mir?

Beispiel Chat:
Danke für deine Worte. Wenn ich es richtig verstanden habe, dann geht es dir darum, mehr Selbstbewusstsein zu haben und selbstsicherer zu sein. Würdest du das selbst auch so sagen?
  Oder anders: Und wie kann ich dich dabei unterstützen?

Durch ein gutes Joining und eine klare, sich auch immer wieder vergewissernde Auftragsklärung führt die Seelsorge die Menschen, die sie in Anspruch nehmen, zur Begegnung mit sich selbst. Aus dieser Selbstthematisierung und Selbstkontaktierung kann dann auch eine (neue) Begegnung zu anderen Menschen, zu Natur und Umwelt, zu Spiritualität und Glauben werden. Digitale Seelsorge im Sinne der »digital soul care« bringt in Begegnung mit dem gegenwärtigen Moment, der all das enthält und zur Verfügung stellt, was hilfreich und zielführend ist.
  Wie bereits geschrieben: Wer Seelsorge anbietet, ist Teil des Netzwerkes der Lebensunterhaltung. Oder anders gesagt und noch etwas deutlicher formuliert: Wer Seelsorge betreibt, ist in der Care-Arbeit

tätig. Dabei sind wir weder Pflegerinnen oder Pfleger noch Therapeutinnen oder Therapeuten. Wir kommen nicht aus dem medizinischen Bereich und unsere Absicht ist nicht, die körperliche oder psychische Heilung eines Gebrechens oder einer Störung. Das ist unser Vorteil. Wir dürfen die Menschen mit anderen Augen sehen. Wir haben einen anderen Maßstab. Jenseits aller Bewertungen und Beurteilungen, jenseits aller Pläne und Maßnahmen. In der Seelsorge muss niemand passen oder passend gemacht werden, weder mithilfe anderer noch durch sich selbst. In der Seelsorge ist Raum zum Sosein und Sowerden.

Der Weg ist das Ziel. Und wir dürfen diesen Weg absichtslos begleiten. Seelsorge darf prozessorientiert sein, nicht oder zumindest weniger zielorientiert. Denn mit und nach der Seelsorge setzen die Menschen ihren eigenen Weg im Leben weiter fort. Wir erreichen also keinen endgültigen Zustand, kein Ziel im abschließenden Sinne. Das wollen wir auch gar nicht. Ziel und Auftrag kommt von den ratsuchenden Menschen. Wir haben allenfalls einen Wunsch: dass es dem Menschen nach unserem Kontakt hoffentlich etwas besser geht als vorher. Was auch immer »besser« genau bedeutet und was auch immer die Person darunter verstehen mag. Aber es darf persönlicher Antrieb sein, dass das, was wir seelsorglich tun, einen Unterschied macht, einfach so. Dass es wichtig ist und nicht umsonst, auch wenn man immer wieder genau diesen Eindruck mit nach Hause nimmt und die Probleme trotz aller Hilfe nicht weniger werden.

Unsere Haltung darf geprägt sein von der Überzeugung, dass wir und unser Kontakt, unser Gespräch mit den oder dem ratsuchenden Menschen eingebettet ist in einen größeren Rahmen, den wir Gott nennen und der durchdrungen ist von einer Zusage, die sagt, dass niemand allein ist und niemand zu klein oder unbedeutend, zu schlecht oder unvermögend, zu unbegabt oder zu schuldig ist, als dass er oder sie nicht trotzdem geliebt und angenommen wäre. Manchmal auch in der Prophylaxe und Vorsorge von größeren und größer werdenden Problemen. Immer aber mit dem wunderbaren, stärkenden und haltgebenden Grundton des »mehr als«. Mehr als alles, was du gerade spürst und denkst und fürchtest und erlebst oder auch erleidest. Du Mensch bist mehr als dein Problem, mehr als deine Krankheit, mehr auch als deine Gesundheit. Und genau diese

Dimension zu öffnen, dazu kann Seelsorge ihren guten Beitrag leisten, der oft nicht ohne positive gesundheitliche Auswirkungen geschieht und sie sogar anstoßen und unterstützen kann (vgl. Lammer 2020, S. 320 ff.; Schneidereit-Mauth 2015).

Schriftbasierte Seelsorge

Traditionell verbinden wir schriftliche Kommunikation nicht mit Schnelligkeit und Geschwindigkeit. Wir sind es gewohnt, dass heutzutage ein Brief mindestens einen Tag braucht, um beim Empfänger anzukommen und gelesen zu werden. Das ist zwar schon sehr viel schneller als noch vor wenigen Jahrzehnten, aber es bleibt eben eine zeitversetzte, asynchrone Kommunikation. Selbst der Fernschreiber und das Fax ermöglichten keine gleichzeitige wechselseitige Kommunikation. Es entstanden immer temporäre Lücken und Wartezeiten. Erst der Chat und auch der Messenger (siehe S. 51 ff. und S. 108 ff.) ermöglichten zeitgleiches, synchrones schriftliches Kommunizieren, wo sich Botschaft und Antwort so schnell abwechseln, dass sie sich sogar überschneiden können.

Ob man nun also synchron oder asynchron miteinander schreibt, hängt unter anderem davon ab, wie eilig man es hat und welche Kommunikationsform einem näher liegt. Manche greifen eher zum Chat oder Messenger, weil sie sich sicher sein können, dass sie binnen sehr kurzer Zeit ihr Anliegen vorlegen können und eine Antwort erhalten werden. Hier ist auch das Gefühl, ein echtes Gespräch zu führen, am größten. Wer eine E-Mail schreibt, möchte das Thema vielleicht erst einmal nur formulieren und loswerden. Die E-Mail fühlt sich eher wie ein Briefwechsel an. Die Antwort kann dann ruhig eine gewisse Zeit später erfolgen. Diese zeitliche Unabhängigkeit der E-Mail schafft übrigens auch eine örtliche Freiheit. Man schreibt es und kann weiterziehen, auch der Gesprächspartner muss währenddessen oder für den Empfang nicht online sein. Beim Chat- oder direkten Messenger-Gespräch müssen alle Gesprächspartner zugleich online sein, wenn sie auch geografisch natürlich mobil bleiben können.

Dennoch bleibt digitale Kommunikation insgesamt eine schnelle Kommunikation. Absender erwarten auch auf eine E-Mail eine möglichst zeitnahe Antwort, zumindest zunächst als (automatisierte) Eingangsbestätigung ihrer Anfrage. Dies sorgt auch für die Gewissheit, dass die E-Mail tatsächlich an der richtigen Adresse eingegangen und nicht in den Weiten des digitalen Raumes verschwunden ist. Nun kann die Antwort beruhigt abgewartet werden. Nach einem bis maximal drei Tagen sollte eine von Menschen geschriebene Antwort dann erfolgen.

Gerade in der schriftlichen, digitalen Kommunikation erleben wir, wie kanalreduziert die Kommunikation im Internet erscheint. Paraverbale und nonverbale Informationen fallen weg, es bleibt ausschließlich der geschriebene Text. Insbesondere normalerweise ein in Präsenz geführtes Gespräch begleitende Gestik, Mimik, Körperhaltung, Stimmfärbung, visuelle Eindrücke müssen hinzugedacht, zwischen den Zeilen hypothetisierend erlesen und die vermuteten Gefühle, Affekte und Reaktionen entsprechend nachgefragt und persönliche Eindrücke abgeklopft werden. Zu Beginn kann das verunsichern und uns im Gespräch »schwimmen« lassen. Viele haben das Gefühl, das Gespräch, ihr Gegenüber und vielleicht auch sich selbst nicht so im Griff zu haben, wie in Präsenz. Mittlerweile empfinde ich das sogar als Vorteil, weil mich diese Kanalreduzierung offen und neugierig hält und die Gefahr reduziert, die Eindrücke meiner Sinneswahrnehmungen zu festen Urteilen zu machen. Weil ich nur einen Text vor mir habe, kann ich mir immer wieder sagen: Ich weiß es nicht; ich muss nachfragen, wenn ich es wissen möchte. Und es hat noch einen weiteren Vorteil, denn meine Nach- und Rückfragen bieten meinem Gegenüber sofort eine Möglichkeit der eigenen Reflexion an. Wenn ich zum Beispiel nach einem Gefühl frage, das ich im Text meine, wahrgenommen zu haben, stoße ich damit ein inneres Nachdenken und Nachfühlen an, das den Gesprächspartner zur Auseinandersetzung mit sich selbst, zum in Kontakt kommen mit sich, anregt. Die Person findet so nicht nur mehr und vielleicht auch treffendere Worte für sich und ihr Sosein, sondern erlebt auch, wie dadurch eine Distanzierung zu unangenehmen Gedanken und Gefühlen wächst, die neue Handlungsräume eröffnen kann. Die Kanalreduzierung ist eine Herausforderung mit Chancen. Und wenn wir uns selbst erinnern, wie Noten, Liedtexte, Liebesbriefe, Bibelworte oder auch Lyrik uns packen und bewegen können, dann gewinnen wir vielleicht auch selbst stärker einen Mut, der der schriftlichen Kommunikation viel zutraut und sie nicht als minderwertige Gesprächsform sieht, sondern ihr mit Offenheit und Freude begegnet.

> Nehmen Sie sich die Noten von EG 398 (In dir ist Freude) und schließen Sie aufgrund des Notenbildes auf die Stimmung des Chorals. Was fällt Ihnen auf? Welche Hypothesen entwickeln Sie aufgrund des reinen Notenbildes? Lesen Sie den Text zu EG 503 (Geh aus, mein Herz). Alternativ können Sie natürlich auch ein Gedicht lesen oder einen Liebesbrief. Welche Gefühle nehmen Sie im Text wahr? Was erfahren Sie über den Autor? Welche Haltung zum Leben hat er? Welches Anliegen wird deutlich?

Und dann heißt es, hineinspringen in die ankommenden Texte und lesen lernen. Mir helfen dabei immer wieder folgende Fragen:
- Wovon lese ich gerade? Was ist das Thema? Wie und was wird über dieses Thema und die beteiligten Personen geschrieben?
- Was erfahre ich über den Absender?
- Wie wirkt das Geschriebene auf mich?
- Welche Gefühle und Gedanken, Assoziationen werden durch das Lesen bei mir geweckt oder ausgelöst? Was überrascht mich? Welche Ressourcen erkenne ich?
- Was steht im Text? Und was steht da nicht, obwohl ich es erwarten würde? Was könnte bewusst oder unbewusst verschwiegen worden sein?

Aus diesen und ähnlichen Fragen entstehen Schritt für Schritt Arbeitshypothesen, mit denen ich dann weiterarbeiten kann. Es geht also nicht nur darum, den Text sachlich zu erfassen, sondern ihn förmlich für sich zu erspüren und zu befragen. Sowohl den Text selbst als auch das, was zwischen den Zeilen steht oder gemeint, aber nicht geschrieben worden ist. Wohl wissend, dass ein vollständiges Verstehen nicht möglich ist und immer unter Vorbehalt steht. Die sich so langsam entwickelnde und wachsende Lesekompetenz ist unabdingbar, um hilfreich beraten zu können.

Alexander Brunner (2006) hat dazu vier Dimensionen des Lesens entwickelt, die ich hier zusammengefasst wiedergeben möchte:

Psychoanalytisches Lesen: Sobald wir einen Text vor Augen haben und darin lesen, entstehen in unserem Inneren Assoziationen und Urteile, Ideen und Hypothesen. Solange wir uns in unseren eigenen Interpretationen nicht verlieren, können unsere inneren Wahrnehmungen gut und hilfreich sein. Damit wir uns nicht in ihnen verfangen, ist die Korrektur, das Mitlesen durch eine zweite Person nützlich.

Phänomenologisches Lesen: Was wurde eigentlich geschrieben und wie würden wir das beschreiben, wenn wir es ganz nüchtern und ohne Bewertungen oder Erklärungen täten? Hier geht es darum, sich dem Text so objektiv und sachlich wie nur möglich zu nähern.

Dialogisches Lesen: Kommen wir mit dem Text ins Gespräch. Was sagt er uns? Wie klingt er? Stellen Sie sich vor, dieser Text wäre ein Gesprächsbeitrag. Was ruft er dann in Ihnen hervor, welche Reaktionen (Antworten, Fragen, Einwände, Kritik, Emotionen) evoziert er? Und wen könnte der Text noch meinen, wen noch adressieren, obwohl diese Personen gar nicht unbedingt direkt genannt werden?

Technisches Lesen: Zum Schluss wird der Text analytisch gelesen. Wir fragen nach Schreibstil, Wortwahl, Struktur, sprachlichen Besonderheiten. Welche Satzzeichen werden vorzugsweise verwendet? Welche Begriffe wiederholen sich auffallend? Und was sagen uns unsere Beobachtungen über den Verfasser oder die Verfasserin und was könnten deren Intentionen sein?

Diese vier Schritte helfen, sich einem Text, ob E-Mail oder auch Chat, zu nähern und auch wieder zu ihm auf Distanz zu gehen. Diese Schritte sind wie vier verschiedene Brillen, mit denen ich den Text lese und ihm Informationen entnehme, die in mir ein Bild des Verfassers oder der Verfasserin und des jeweiligen Kontextes entstehen lassen. Hieraus kann ich dann Hypothesen entwickeln, die zur Beantwortung der Äußerungen hilfreich sind.

Genauso wichtig, wie die beschriebene Lesekompetenz, ist die Schreibkompetenz. Natürlich schreiben wir als Seelsorgerinnen und Seelsorger, so wie wir es eben tun und so, wie wir eben sind. In der schriftlichen Beratung aber passen wir uns gleichzeitig auch dem an, wer und was uns begegnet. Schreibkompetenz zeigt sich darum in der Bereitschaft, mich auf mein Gegenüber einzulassen und in Sprache,

Geschwindigkeit, Komplexität, Ausdruckstiefe und Textlänge anzupassen. Ich möchte schließlich verstanden werden mit dem, was ich schreibe. Das Ziel ist immer, dass ich verstanden werde mit dem, was ich antworte. Zumindest so gut, wie ich selbst verstanden habe und verstehen konnte, was mir geschrieben wurde.

Schreiben scheint vielen Menschen leichter zu fallen, als zu sprechen. Gleichzeitig ist es wichtig, Mut zum Schreiben zu machen, denn nicht alle schreiben fehlerfrei und in vollständigen, druckreifen Sätzen. Aber darauf kommt es auch in der Seelsorge nicht an. Im Gegenteil. Aus manchen orthografischen oder grammatikalischen Fehlern lassen sich als angefragte Seelsorge weitere Erkenntnisse zur ratsuchenden Person herauslesen oder geben Anlass zu konkreten Nachfragen. Das erhöht das Verständnis der Person und Persönlichkeit des Gegenübers, welche Stärken und Schwächen sind erkennbar? Womit kann weitergearbeitet werden? Gibt es weitere Hinweise auf das Problem zwischen den Zeilen, also hier konkret anhand der Rechtschreibung und des Schriftbilds?

Seelsorger: Hallo Steinchen!
Steinchen: Hallo
Seelsorger: wie gehts, wie stehts
Steinchen: Betrinke mich grade …
Seelsorger: ok
Seelsorger: was trinkst du?
Steinchen: Vodka cola
Seelsorger: hm, gut?
Steinchen: Hauptsache vrgessen. Aber klappt bisher nicht
Seelsorger: Was möchtest du vergessen?
Steinchen: Mein leben, aber das geht nich
Seelsorger: kann man so die Erinnerungen auslöschen?
Steinchen: nein, leidr nich, kommt alls imme wieder hoch
Seelsorge: puh, klingt anstrengend
Steinchen: Ja
Seelsorger: mist. magst du etwas erzählen, was dich beschäftigt?
Steinchen: Ich kann es alles nicht mehr ertragen
Seelsorger: hm, jetzt hast du es schon so lange ausgehalten
Steinchen: aber hört das dennnie auf?

Seelsorger: was wünschst du dir?
Steinchen: eigentlich möcjte ich nur ruhe und zufriednheit
Seelsorger: sind das für dich große ziele?
Steinchen: ja schon grsso
Steinchen: ist viellt unrealiisch?
Seelsorger: was wäre realistisch für dich?
Steinchen: meine gedankwen ruhig u kriegn
Seelsorger: das wäre schon gut, oder?
Steinchen: ja
Seelsorger: wie könnte das gehen?
Steinchen: weißnicgh
Steinchen: is schwer grade
Seelsorger: ja
Seelsorger: sei nicht zu hart zu dir
Steinchen: Ich weiß nich wie das grhn soll
Seelsorger: ich muss es auch immer wieder neu üben
Steinchen: Wie machst fu das?
Seelsorger: der erste schritt ist wohl, nicht mehr negativ mit sich selbst sprechen.
Seelsorger: also das negative weg lassen: ich bin doof = ich bin
Steinchen: versteh ich nich
Seelsorger: hm, vielleicht anfangen, neutral zu sprechen, als ersten kleinen schritt?
Steinchen: Neutral ... hm, das klingt soneinfaczh..ch hatte letztens einen termin bei einer ärztin
Seelsorger: oh, und?
Steinchen: Ich habda gesessen und konntw nichs sagen nichs machen.. war völlig ausgeknipst
Seelsorger: und dann?
Steinchen: Sie gst fragen gestellt aber ich weiß nuch mehr was. Alles war so neblig ... und dsnn sind wir einfach mitten drin gegangen
Seelsorger: oh
Steinchen: nich sehr effektiv
Seelsorger: aber ein anfang
Steinchen: Ich weiss nicht s das war.. ich kann das nich
Seelsorger: noch nicht
Steinchen: Meinst du das wird nocj besser?

Seelsorger: ich wünsche es dir zumindest, ich hab immer Hoffnung!
Steinchen: Danke! Hoffnung ... das ist ... puh.
Seelsorger: ja, Schritt für Schritt, wann wirst du wieder zur ärztin gehen?
Steinchen: Ich han angst
Seelsorger: ja, das gehört sicher dazu
Steinchen: Ich han termin wei wochn
Seelsorger: das klingt gut. ich wünsche dir jetzt eine gute Nacht! und morgen einen besseren Tag
Steinchen: Danke. Dir auch gute nacht. Undanke fürs zuhörn hir
Seelsorger: gerne.
Steinchen: Danke!

Was fällt Ihnen am Chat auf? Welche ersten Ideen zur ratsuchenden Person kommen Ihnen in den Sinn? Was schließen Sie aus der Orthografie? Wie oder was hätten Sie hier geantwortet? Was vermuten Sie, wie lange das obige Chatgespräch gedauert hat?

Es waren insgesamt 40 Minuten. Eigentlich ist der Chat ein schnelles Medium, es wird zügig hin und her geschrieben. Aber trotzdem kann es eben auch entschleunigen und eher langsam fortschreiten, sich Zeit nehmen, Pausen einlegen. Diese Dynamik ist spannend. Und es bedeutet: Es geht in meinen Antworten nicht um mich, sondern mein Gegenüber gibt die Schlagzahl und den Kurs vor. Hier versuche ich, so gut ich kann, zu folgen und mitzurudern.

Wir sitzen zwar nicht im selben Boot, sind aber zumindest für eine Zeit auf derselben Wegstrecke unterwegs. Als Seelsorgerinnen und Seelsorger dürfen wir Reisebegleiter sein, manchmal länger, manchmal auch nur kurz und nur für eine Etappe, manchmal intensiver, manchmal weniger.

Es braucht unsere ganze Beziehungskompetenz, um herauszufinden, welche Art von Begleitung gewünscht oder gebraucht wird. Und auch, wie Nähe und Distanz jeweils passend austariert sind. Es ist ein Privileg, im Leben des anderen zu Gast sein zu dürfen. Und darum sollte unser Kontakt wertschätzend, echt und empathisch sein (nach Carl R. Rogers, 1975). Das schließt eine missionierende Herangehensweise aus, denn sie würde suggerieren, dass wir besser wissen, was in der Lebenssituation unserer Gesprächspartnerin nötig und hilfreich wäre. Wir wollen stattdessen eine Beziehung auf Augenhöhe, die immer wieder deutlich macht: Ich sehe und höre dich, ich habe Zeit für dich und ich bin an deiner Seite.

Und die darum die (salutogenetische) Frage stellt: »Was brauchst du, was brauchen Sie jetzt?«

Es ist die Frage nach dem Auftrag, die sich einem guten Joining anschließen sollte. Manchmal wissen die ratsuchenden Personen selbst nicht so genau, was sie brauchen oder was ihnen helfen könnte. Sie können weniger in die Zukunft schauen und einen Plan beschreiben, sie können aber vielleicht wahrnehmen, was gerade ist und ein Bedürfnis benennen. Wenn es nicht von allein ausgesprochen wird, dürfen wir nachfragen: »Würde es Ihnen/dir guttun, wenn ich erst mal nur zuhöre? Möchten Sie im Moment gerne frei erzählen? Was liegt Ihnen auf der Seele? Was brennt Ihnen unter den Nägeln? Welche Gefühle können Sie beschreiben? Welche Gedanken bei sich wahrnehmen?«

Aus diesem ersten Freiraum ergibt sich dann oft eine genauere Auftragsklärung, die dann weiter konkretisiert und vereinbart werden darf. Ohne Auftragsklärung sollte allerdings kein Gespräch geführt werden, denn es gibt den Fragenden einen sicheren, auch schützenden Rahmen und uns als Beratende einen Kompass, der uns weiterführt und für mehr Trittsicherheit sorgt. Manche Ratsuchende möchten ungern stören. Es hat sie schon sehr viel Mut gekostet, überhaupt bei der Seelsorge aufzutauchen. Ein festes Thema, einen Auftrag zu formulieren, hilft diesen Menschen, eine Art Daseinsberechtigung in der Hand zu haben, frei nach dem Motto: ich habe ein Thema, mein Denken und Fühlen ist kein Unsinn, ich bin zu Recht jetzt hier und nehme Hilfe in Anspruch.

Insofern sorgt die Auftragsklärung für ein gutes Stück Transparenz, die wichtig ist, um klar zu sehen. Sich selbst, den jeweils anderen, das Thema und mögliche oder nötige Lösungen. Transparenz sorgt für Vertrauen und Sicherheit. Wo es licht ist, mag man sich öffnen und von sich berichten, wo man Annahme findet, mag man sich ändern und neue Wege versuchen. So gibt es genauso auch Raum, Hilfe abzulehnen und Unwohlsein oder Verletzungen von Grenzen zu benennen und abzustellen – von beiden Seiten. Für mich ist es darum auch immer wieder wichtig, die Auftragsklärung auch während eines Gesprächs zu wiederholen und neu zu festigen. Wichtige Fragen sind hier:

Sind wir noch auf dem richtigen Pfad?
Habe ich Sie richtig verstanden?
Ich höre als Ihr Anliegen dieses …, stimmen Sie zu? Wie würden Sie es sagen?

Immer wieder kommen Menschen in die Seelsorge und beginnen ohne lange Vorrede mit ihrer Problemschilderung. Vielleicht nicht beim ersten Mal, aber doch beim zweiten oder dritten Kontakt. Sie werfen einem regelrecht ihre Sorgen oder ihre Empfindungen auf den Bildschirm. Sie fallen mit ihrem Anliegen sprichwörtlich in das Gespräch hinein, warten kaum eine Begrüßung oder eine Vorstellung ab und beginnen direkt und ohne Umschweife.

»Es geht mir schlecht!« »Mein Leben hat keinen Sinn mehr.« »Alles ist scheiße!«

Nach einem solchen unvermittelten Start, ist es gut, erst einmal erzählen zu lassen, um dann einen Stopp, eine Reflexionsebene, einzuziehen und nochmal mit sich in Beziehung zu setzen: Was braucht es gerade? Gibt es noch etwas vom letzten Mal? Woran wollen oder können wir anknüpfen?

Genauso sind Onlinegespräche auch oft effizienter. Es kommt mehr zur Sprache in kürzerer Zeit. Schreibgespräche dürfen darum kürzer sein, als man es aus der Präsenzseelsorge gewohnt ist. Während man in Präsenz vielleicht eher an Zeiträume von 45 bis 60 Minuten denkt, die ein Gespräch dauern kann, sollten im Schreibgespräch eher 20 bis 40 Minuten angesetzt werden. Oft kommt man schneller zum Thema. Es ist konzentriert und auf den Punkt. Ohne zu hetzen oder das Gespräch anzutreiben, können darum manche Gespräche auch schneller abgeschlossen werden als in Präsenz.

Gerade indem sie wieder Kontakt zum anderen Menschen knüpfen, und sei es »nur« der Seelsorger oder die Seelsorgerin, dürfen Menschen in der Seelsorge merken, wie sie ein Stück weiter ganz werden, wie sie wieder Kontakt knüpfen zu sich, zu ihrem Sosein und auch zu ihren Ressourcen, zu eigenen Wünschen und Zielen. Wobei es häufig dann doch mehr Menschen werden, die wieder in den Blick geraten und zu denen hin Kontakt geknüpft wird. Ebenso wie zu dem, wer und was größer als unser Leben ist. Die Verbundenheit mit dem Leben schlechthin, mit dem Grundsummen in unserer Welt. Mit Gott, mit Heil, mit Liebe und Verbundenheit über sich selbst hinaus.

Wer wieder mit sich selbst in Kontakt kommt, sich selbst begegnet und lernt oder ermutigt wird, das auszuhalten, dem werden oft auch Fragen wichtig, die sich um Heil und Heilung, Schuld und Vergebung, Recht haben und richtig sein drehen. Vielleicht werden sie nicht immer direkt und offen angesprochen, aber unterschwellig sind sie doch da. Es geht um Rechtfertigung des eigenen Lebens, der eigenen Taten und Entscheidungen. Um das, was man getan oder gelassen hat oder um das, was einem angetan wurde.

Seelsorge ist im Internet auch immer Seelsorge jenseits aller geografischen, technischen und menschengemachten Grenzen. Auch, weil Gott – ausgesprochen oder unausgesprochen – Teil des Gesprächs ist und manchmal auch Gesprächspartner.

»Du stellst meine Füße auf weiten Raum« (Ps 31,9). Das dürfen wir gerade im digitalen Raum erleben, der ein weiter Raum ist. Ein Raum, in dem alle Platz haben. Unabhängig von allen Vorbedingungen. Und wenn es doch welche geben sollte, wie Handicaps oder hindernde Gefühle, so finden sich im weiten Raum Mittel und Wege, diese (gefühlte) Distanz zu überbrücken und es doch zu einem Kontakt kommen zu lassen. Das erleben wir im Chat, per E-Mail oder Videogespräch, im Messenger und auf Social Media.

Chat

Der Chat ist eigentlich ein synchrones Medium. Nachrichten werden zeitgleich in schneller Folge ausgetauscht, das Gespräch nimmt Fahrt auf und es wirkt wirklich wie ein »normales Gespräch« in Präsenz. Es ist ja auch ein normales Gespräch, eben im digitalen Chatraum.

Allerdings kann es passieren, dass mein Gesprächspartner durch Kinder, Fernsehen oder persönliches Erleben abgelenkt wird oder einfach etwas langsam tippt. Es entstehen Pausen. Das Gespräch ist oder wird unterbrochen und entwickelt sich nur zäh weiter. Dann treten

Eigenschaften oder auch Eigenheiten auf, die mehr aus dem E-Mail-Gespräch bekannt sind. Wir sind vielleicht zuerst verwundert, warum die Antwort (plötzlich) so lange auf sich warten lässt. Wir haben Zeit, um die letzte Nachricht, vielleicht sogar den gesamten Verlauf (den »thread«) noch einmal in Ruhe zu lesen. Das Tempo verlangsamt sich, die Konzentration lockert sich und löst sich vielleicht sogar für einen Moment auf. Das Gehirn kann anderes in den Blick nehmen: nächste Termine, Erinnerungen, Selbstreflexion. Vielleicht löst sich auch eine vorher noch gar nicht so deutlich wahrgenommene Anspannung, und die Gedanken haben nun die Chance, sich zu sortieren und noch einmal anders zu fließen. Vielleicht kühlt sich sogar die gefühlte Nähe zum bisherigen Gespräch und dem Gegenüber ab, wir kommen mehr und mehr in eine Distanz. All das dürfen wir bewusst wahrnehmen und reflektieren. Was passiert hier gerade? Was nehme ich bei mir selbst wahr? Was sagt mir das über mein Gegenüber? Welche Hypothesen kann ich daraus folgern und im weiteren Gespräch überprüfen?

Eine einzelne Pause oder Unterbrechung spreche ich nicht sofort an. Kommen diese aber öfters vor oder dauern außergewöhnlich lange, dann mache ich das (kurz) zum Thema und frage nach. Eventuell steckt da auch etwas drin, das für das weitere Gespräch oder den gesamten Prozess wichtig sein könnte.

Beispielchat:
[20:03:16] RS05: Hallo
[20:03:19] Seelsorgerin: Hallo
[20:04:45] RS05: Mir geht's nicht gut
[20:04:51] Seelsorgerin: was los?
[20:05:17] RS05: Ich glaube ich werde iwie depressiv, oder bins schon
[20:06:27] Seelsorgerin: oh
[20:06:34] Seelsorgerin: woran merkst du das?
[20:08:56] RS05: Bin täglich am Weinen
[20:09:08] Seelsorgerin: wie lange schon?
[20:09:31] RS05: Das tägliche Weinen, seit ein paar Wochen
[20:09:57] Seelsorgerin: das ist lange
[20:10:03] Seelsorgerin: worüber weinst du?
[20:13:13] RS05: Bin ziemlich geschafft
[20:13:33] Seelsorgerin: anstrengender Alltag gerade?

[20:13:40] RS05: Es bricht bei mir so viel weg und das letzte Jahr war zu viel
[20:13:57] Seelsorgerin: magst du etwas erzählen?
[20:15:53] RS05: 4 Todesfälle in einem Jahr, lange krankheit, mehrer jobwechsel, und dann mein mann
[20:16:05] RS05: Ist die Kurzfassung
[20:16:30] Seelsorgerin: puh, eine lange Liste ... auch in der Kurzfassung.
[20:18:39] RS05: Leider ja
[20:19:20] RS05: Ich habe Angst, dass ich es nicht mehr lange aushaltee
[20:19:54] Seelsorgerin: manchmal ist die Last sehr schwer ... wann wird sie zu schwer?
[20:23:21] RS05: Ich denke, wenn mein Mann nochmal einen Rückfall hat
[20:23:37] Seelsorgerin: Alkohol? oder anderes?
[20:26:15] Seelsorgerin: bist du noch da?
[20:27:45] RS05: Alkohol
[20:27:45] RS05: sorry, bin etwas neben der spur und muss immer wieder weinen
[20:27:57] Seelsorgerin: macht nix, wollte nur nachfragen ...
[20:28:24] RS05: danke, ist halt gerade viel
[20:29:09] Seelsorgerin: ja, nimm dir die Zeit, das ist für mich okay ...

Bitte achten Sie auf die Zeitstempel. Was nehmen Sie wahr? Wie empfinden Sie die Gesprächspausen? Welche Schlüsse ziehen Sie aus diesen Pausen? Wie hätten Sie im Gespräch reagiert?

Manche Pausen dauerten zwei Minuten oder länger. Da hier aber die Pausen mit dem Inhalt korrespondieren, wurde nicht gleich nachgefragt, sondern Raum und Zeit gelassen, um in Ruhe zu chatten. Das Gespräch ist ohnehin sehr ruhig und langsam verlaufen. Um ein technisches Problem auszuschließen, erfolgte die Nachfrage erst nach über 20 Minuten. Die Antwort bestätigte die Hypothese, dass die ratsuchende Person Zeit braucht.

Das angesprochene Thema ist sehr typisch für die Seelsorge im Chat. Neben Trauer, Tod und Krankheit, werden auch oft Themen wie sexueller Missbrauch, Substanzmissbrauch, Einsamkeit, Geldsorgen und Schulden, Beziehungsprobleme, häusliche Gewalt, Stress, suizidale Absichten sowie psychische Erkrankungen und Herausforderungen (vor allem Ängste, depressive Phasen) angesprochen. An die Seelsorgerin und den Seelsorger stellt das hohe Anforderungen, die sich nicht nur in einer fundierten Ausbildung niederschlagen dürfen, sondern auch regelmäßige Angebote an Supervision und Intervision bzw. kollegiale Beratung erforderlich machen.

Gruppen

Unter Peer-to-Peer-Beratung wird die gegenseitige Hilfe und Beratung durch andere ratsuchende oder am Thema interessierte, gleichgesinnte Menschen verstanden. Diese kann öffentlich in einem Forum oder teil-öffentlich in einem Gruppenchat geschehen. Das meistens asynchron durchgeführte Forum und der synchrone Gruppenchat können dabei nach Alter oder auch Thema angeboten und sortiert sein. Trotz des öffentlichen Charakters ist es in beiden Fällen möglich, das Forum oder den Gruppenchat wegen sensibler Themen zu schließen oder die Zugangsmöglichkeiten einzuschränken. Dadurch kann ein geschützter Raum erzeugt werden, in dem auch sehr persönliche und eventuell andere Menschen verstörende Inhalte besprochen werden. Ebenso kann der Raum auf nur Gleichbetroffene eingeschränkt werden. Da hier neben seelsorgenden Personen auch eine größere Anzahl an mitlesenden und auch mitschreibenden Personen anwesend ist, haben wir es in beiden Varianten mit einer Situation zu tun, wo Seelsorge »vor Publikum« und »mit Publikum« stattfindet. Seelsorge kommt hier also nicht nur von Fachleuten, sondern durch die jeweiligen Beiträge auch aus der Gruppe und für die Gruppe. Darum brauchen beide Seelsorgeangebote eine gute Moderation, die darauf achtet, dass die Gespräche der Netiquette folgen und niemand verletzt oder ausgegrenzt wird. Die Moderation schafft es idealerweise, aus den vereinzelten Teilnehmenden eine Community für die Dauer des Treffens entstehen zu lassen. Ein Ort, an dem man dann gerne erneut vorbeikommt und wieder teilnimmt. Die Moderation ist außerdem der Zeit- und Raumwächter, das heißt, sie sorgt auch dafür, dass Störer stummgeschaltet oder gesperrt und sie wenn nötig des Raumes verwiesen werden oder ihre Beiträge gelöscht werden. Die besondere Herausforderung liegt sicher darin, auf der einen Seite möglichst vielen Anteil am Gespräch zu geben und sie im Forum oder Gruppenchat vorkommen zu lassen. Auf der anderen Seite sollen zu viele gleichzeitige Stimmen oder parallel geführte Gespräche auch nicht von eventuell vorkommenden Hauptthemen ablenken. Hier braucht es ein gutes Fingerspitzengefühl, das erspüren kann, wer sich nicht beteiligen, aber mitlesen möchte und wer herausgelockt und angesprochen oder auch zurückgehalten und gebremst werden darf.

Seelsorgerinnen und Seelsorger brauchen zudem einen gewissen Mut, hier »in der Öffentlichkeit« ihre Beratungen anzubieten. Wann ist man es sonst gewohnt, dass eine Gruppe von Menschen mitlesen und sogar kommentieren kann, was man anderen zu ihren Themen und Herausforderungen schreibt? Gleichzeitig wird man sich aber auch gerne zurücklehnen können, um die Dynamik der Gruppe zu erleben, ja zu genießen. Denn häufig geht es sehr empathisch und emotional unterstützend in diesen Peer-to-Peer-Angeboten zu. Da darf man als Fachkraft auch gerne mal schweigen. Hier merkt man besonders, wie sich der größere Aufwand für ein Forum oder einen Gruppenchat lohnt und dankbare Rückmeldungen aus der Runde der Teilnehmenden sind oft die Regel. Auch von den Themen nicht betroffene Personen wie auch Zugehörige lesen gerne in Foren oder Gruppenchats mit, da sie so einen Eindruck aus erster Hand erhalten, der Verständnis oder Entschlossenheit wecken kann.

bärenpfote: moin ihr alle
Fritz2: Guten Abend
Lulu: ich könnte eure hilfe gebrauchen, kann jemand für mich beten?
Moderation zu Lulu: das können wir sicher tun, gleich jetzt und hier?
Zauberer zu Lulu: Aber ich schließe euch gerne nachher in mein Nachtgebet Mit ein. gar kein Problem
Moderation: Hallo Fritz2, willkommen!
Lulu: ich mache mir einfach sorgen um meinen sohn
bärenpfote: oh dem schließ ich mich an könnte auch ein Gebet gebrauchen
Nasenhase zu Lulu: Ich bin nicht gläubig genug für ein gebet, aber ich werde an euch beide denken und positive gedanken schicken.

Moderation zu Lulu: Man kann auch en Stossgebet sprechen.
Tierfreund3 hat den Chat betreten.
Tierfreund3: moin zusammen!
teddybärin: moin Tierfreund!
Moderation zu Tierfreund3: Hi Tierfreund, willkommen!
Gast2 zu Lulu: ich bete auch für euch Lulu
Moderation zu Tiefreund3: Wir haben ein bewegendes Thema
Maxi zu Lulu: ich werde für dich und deinen Sohn beten, habe mir einen Termin den Kalender geschrieben
Nasenhase zu Tierfreund3: hi Tierfreund
Moderation zu Maxi: Das finde ich gut
Lulu: Nasenhase ♥;))
Moderation zu Lulu: das tut doch gut zu lesen, oder?
Nasenhase zu Lulu: ja?
Lulu zu Moderation: Ja, da berührt mich ♥* erfüllt mich und zeigt mir, das das der richtige Weg ist!*
Gast10 hat den Chat betreten.
Moderation zu Gast10: Hallo Gast10!
Moderation zu Lulu: Das freut mich! Darum sind wir auch hier:)
Moppel zu Schlumpf23: Happy birthday!!!
Moderation zu Schlumpf23: Hast du Geburtstag?
Schlumpf23: ja …
Moderation zu Schlumpf23: Viel Glück und viel Segen auf all deinen Wegen!
Tierfreund3: Happy Birthday!
Nasenhase: jau, hau rein!
Schlumpf23: Danke an alle:)
Gast16 hat den Chat betreten.
Nasenhase an Schlumpf23: Gesundheit und Wohlstand sei auch mit dabei!
Moderation zu Schlumpf23: Schön, dass du da bist. Wir freuen uns Mit dir!
teddybärin zu Schlumpf23: Uiiii, herzlichen Glückwunsch und Gottes reichen Segen
Gast6 hat den Chat verlassen.
Moderation zu Nasenhase: Wohlstand? Heißt das nicht Frohsinn?
Lulu: Egal, Danke euch!

Sowohl für eine Seelsorgestelle als auch für eine Kirchengemeinde können Foren und Gruppenchat nützliche Angebote sein. Einen Gruppenchat könnte man auch als Expertenchat oder Themenchat durchführen, er ist zeitlich begrenzt und bietet synchron einen schnellen Informationsaustausch und Mehrwert für alle Teilnehmenden. Eine Kirchengemeinde könnte so auch ein »Frag deinen Pastor/Kindergarten/…«-Abend anbieten oder ein offenes Seelsorgetreffen, zu dem man ungeplant und spontan dazukommen kann. Ein Forum ist durch die asynchrone Kommunikation das langsamere Medium. Es könnte sozusagen in regelmäßigen Abständen moderiert laufen und ebenfalls Expertenwissen, Diskussionen oder ein Frage-Antwort-Gespräch anbieten.

Unter »Chatseelsorge.de« gibt es das Angebot eines moderierten Gruppenchats, aus dem heraus dann auch in Einzelchaträume zum Gespräch »unter vier Augen« gewechselt werden kann.

Nachdem ein Chattermin vereinbart worden ist, verläuft das eigentliche seelsorgliche Gespräch im Chat (oder auch per E-Mail) grundsätzlich ähnlich dem Ablauf eines Präsenzgesprächs.

In einer Eingangs- oder Eröffnungsphase findet die Begrüßung und gegenseitige Vorstellung statt. Dann wird das Setting erklärt und miteinander abgesprochen (Regeln, Rahmen, Dauer, Pausen, Kosten, Verschwiegenheit). Im nächsten Schritt kommt es zur Auftragsklärung. Das heißt, die Seelsorgerin oder der Seelsorger gibt Raum zum Erzählen und ermittelt durch gezieltes Nachfragen den Auftrag der ratsuchenden Person an die Seelsorge. Manchmal wird dieser Auftrag klar und deutlich benannt, oft aber muss nachgefragt und auch nachgeschärft werden, um zielgerichtet, sicher und hilfreich weiterzuarbeiten. In der Phase der Themenbesprechung erfolgt die Bearbeitung des Anliegens. Wie die Bearbeitung erfolgt, liegt auch an der Arbeitsweise der seelsorgenden Person. Ist sie systemisch ausgebildet, personzentriert, tiefenpsychologisch und/oder zusätzlich ganz anders? Die Abschlussphase sollte 10 bis 15 Minuten vor Ablauf der Zeit eingeläutet und angekündigt werden. Oft wechselt hier noch mal das Thema oder es weitet sich, wird ergänzt und das Gespräch beschleunigt sich manchmal. Zum Ende dieser Phase wird das Gespräch zusammengefasst. Es kann enden mit einer Frage wie: »Was nehmen Sie aus unserem Gespräch heute für sich mit?« An das Gespräch folgt für die Seelsorgerin oder den Seelsorger eine Phase der Nachbereitung (siehe unten) und Selbstreflexion.

> Führen Sie mit einer Kollegin oder einem Kollegen ein Chatgespräch, zum Beispiel im Zoom-Chat. Wählen Sie, ob Sie lieber die ratsuchende oder die beratende Person sein möchten. Wenn möglich, kann auch eine dritte Person still mitlesen und dann Feedback geben.
>
> Folgende Szenarien stehen zur Auswahl:
> - Ben, 15 Jahre, Probleme zu Hause, seine Eltern streiten viel, der Vater trinkt auch, keine Lust auf Schule mehr, aber will sich auch die Zukunft nicht versauen.
> - Claudia, 39 Jahre, der alte Beruf passt nicht mehr, die Kinder nerven, der Mann auch, alles zu viel gerade, Midlife-Krise? Wo ist mein Platz?
> - Edith, 55 Jahre, sind kleine Lügen erlaubt? mein Mann ist so eifersüchtig!
> - Dieter, 63 Jahre, hat Schlaganfall hinter sich und das Sprechen fällt noch schwer, auch Konzentration ist manchmal schwer zu halten, fragt sich, wie sein Leben wieder wertvoll werden kann.
>
> Anschließend reflektieren Sie gemeinsam das Gespräch. Was lief gut? Was weniger? Was war schwer? Wie haben Sie sich in Ihren Rollen gefühlt? Was hätten Sie sich anders gewünscht?

Netiquette

Die Netiquette umfasst eine Reihe von Verhaltensregeln, die für alle teilnehmenden Menschen in der Online-Seelsorge gelten. Sie beziehen sich vor allem auf einen Gruppenchat oder ein Forum. Eine Netiquette könnte zum Beispiel so lauten:

Bitte achte auf deinen Umgangston. Vergiss nicht: Auf diesem Portal sind echte Menschen unterwegs. Wir haben alle unser Päckchen zu tragen und du weißt nicht, in welchen Herausforderungen dein Gegenüber gerade steckt. Zeige Respekt in den Gesprächen und Kontakten gegenüber anderen anwesenden Personen. Lass dich nicht ärgern und fang auch selbst keinen Ärger an. Vermeide es, wenn möglich, Schimpfwörter oder Ähnliches zu benutzen. Sei du selbst. Wenn du zum ersten Mal in den Gruppenchat kommst, versuche die Atmosphäre und Stimmung wahrzunehmen. Höre erst zu, bevor du anderen Antworten oder Ratschläge gibst.

Hab keine Angst vor Tippfehlern! Die passieren jedem, weil es in einem Chat oder einer E-Mail oft schnell gehen muss und wir gerne so schreiben, wie wir sprechen. Niemand wird dir Tippfehler übelnehmen. Es darf auf Groß- und Kleinschreibung verzichtet werden. Aber schreibe keine seitenfüllenden Beiträge.

Diskriminierung, Beleidigungen oder herabwürdigende Sprache sowie wiederholende Störungen jeglicher Art werden nicht toleriert. Wir dulden keine pornografischen, nationalsozialistischen, rassistischen oder sonstigen menschenverachtenden Inhalte. Halte dich an die bestehenden gesetzlichen Bestimmungen (z. B. Strafrecht, Jugendschutz, Markenrecht, Urheberrecht, Unlauterer Wettbewerb etc.). Wiederholte Zuwiderhandlungen werden mit Ausschluss geahndet.

Sei achtsam mit den anderen hier. Und auch mit dir selbst. Achte die Grenzen der Mitmenschen. Achte auch auf deine Grenzen, auch was deine zeitlichen Ressourcen und Bedürfnisse nach Ruhe und Erholung angeht.

Wenn du jemandem etwas sagen willst, richte deine Nachricht direkt an diese Person. Mitteilungen, die nicht an jemanden »adressiert« sind, müssen nicht unbedingt beantwortet werden … wenn du sie aber an jemanden richtest, werden sie meistens beantwortet.

Solltest du im Gruppenchat von jemandem unangemessen angeschrieben worden sein, beleidigt oder bedrängt werden, dann wende dich unverzüglich an die Moderation. Gemeinsam findet ihr einen guten Umgang mit dieser Störung.

Verbreite keine kommerziellen Angebote und mache keine Werbung, egal wofür. Wenn du einen Link in den Gruppenchat posten möchtest, sprich es bitte vorher mit der Moderation ab.

Oraliteralität

Mit Oraliteralität wird die Form der schriftlichen Kommunikation gerade innerhalb der Chatgespräche beschrieben. Es handelt sich dabei nämlich oft um eine Art »Sprechschreibe«, wie auch Oraliteralität wörtlich übersetzt werden könnte. Man schreibt, wie man spricht, inklusive der Versprecher und undeutlichen Aussprache. Das soll bedeutet: Haben Sie keine Angst vor Rechtschreibfehlern! In der schnellen Kommunikation des Chats haben viele keine Zeit oder sehen keine Notwendigkeit, ihre Sätze noch einmal Korrektur zu lesen. Die kleinen Tastaturen auf den Smartphone-Bildschirmen steigern auch nicht gerade die Lust, mit dicken Fingern im Text noch einmal zurückzugehen und Fehler zu korrigieren. Man drückt auf »Senden« und schon werden die Daten übertragen und mit ihnen alle vielleicht vorhandenen Fehler und Ungereimtheiten. Solange die Gegenseite den Sinn noch erkennen kann, ist das auch alles kein Problem. Manchmal muss man eben ein wenig raten oder nachfragen. Im Chat belebt das eher das Gespräch, als dass es als störend empfunden wird. Nur wenn es überhandnimmt, deutet es entweder auf ein Problem hin oder man darf freundlich darum bitten, doch etwas langsamer und weniger fehlerhaft zu schreiben.

Oraliteralität bedeutet aber auch, dass man seinen Worten durch Großbuchstaben oder Satzzeichen mehr Bedeutung gibt. Wer in Kapitalen schreibt, spricht laut, manche deuten es auch als Schreien. Wer zwei oder mehr Ausrufezeichen anfügt, möchte etwas bewusst unterstreichen oder herausstellen und wer Fragezeichen vervielfältigt, der möchte vielleicht nicht nur eine Frage sehr deutlich stellen, sondern auch darauf hinweisen, dass die Antwort doch eigentlich klar sei.

Abkürzungen gehören ebenfalls zur Sprechschreibe dazu. Einige Akronyme wie LOL oder AFK sind gut zu wissen, darum hier eine kleine Auflistung, alphabetisch sortiert – LOL ☺

AFK – away from keyboard, bin kurz weg/nicht an der Tastatur
AKA – as known as, bekannt als
ASAP – as soon as possible, so schnell wie möglich
BB – bis bald
BG – beste Grüße

BRB – be right back, bin gleich zurück
BTW – by the way, übrigens
CU – see you, bis bald
DAD – denk an dich
DUW – duck und weg
EOM – end of message, Ende der Nachricht
F2F – face to face, von Angesicht zu Angesicht
FYI – for your information, zu deiner/Ihrer Information
G – grins
GLG – ganz liebe Grüße
GN(8) – Gute Nacht
GSD – Gott sei Dank
HDGDL – hab dich ganz doll lieb
IC(U) – I see you, ich sehe dich
IDK – I don't know, ich weiß es nicht
IMHO – in my humble opinion, meiner bescheidenen Meinung nach
IRL – in real life, im echten Leben
kA – keine Ahnung
LG – Liebe Grüße
LOL – laughing out loud, laut lachen
mMn – meiner Meinung nach
OMG – O my god, Oh mein Gott!
Q&A – Questions and answers, Fragen und Antworten (auch F&A)
Sry – Sorry, Entschuldigung
SuFu – Suchfunktion
TBH – to be honest, um ehrlich zu sein
TN – Teilnehmer:in
WB – welcome back, willkommen zurück
WTF – what the fuck, was für ein Scheiß/Quatsch
XOXO – hugs and kisses, Umarmungen und Küsse
YOLO – You only live once. Du lebst nur einmal.
...

Welche Akronyme werden in Ihrem Umfeld besonders gerne verwendet? Fragen Sie Jugendliche oder junge Erwachsene.

Auch auf den Social-Media-Plattformen kann sich ein gewisser Slang, ein Netzjargon entwickeln. Der Grund ist hier nicht nur die Abgrenzung zu anderen Gruppen oder Altersstufen. Es wird vor allem versucht, dem Algorithmus zu entkommen, der alle Äußerungen durchsucht und entweder die Schreiberinnen und Schreiber blockiert oder aussperrt, weil sie mit ihren Worten angeblich gegen »Gemeinschaftsstandards« verstoßen hätten oder ihnen Inhalte präsentiert werden, die sie angeblich aufgrund ihrer Beiträge interessieren würden. Die Gefahr dabei ist, dass dieses »Algospeak« (Oudray 2023) genannte Phänomen für eine neue Tabuisierung auf den Plattformen sorgt, weil eben bestimmte Themen nicht mehr mit klaren Worten beschrieben werden, sondern verklausuliert werden müssen, damit der Algorithmus sie nicht ausschließt und damit stummschaltet. Ein freier, offener Diskurs sieht anders aus.

E-Mail

Die erste E-Mail-Seelsorge im deutschsprachigen Raum wurde 1995 in der Schweiz gegründet (https://www.seelsorge.net). E-Mails wurden und werden in den meisten Fällen einer E-Mail-Seelsorge gar nicht ausgetauscht. Um einen möglichst hohen Datenschutz anbieten zu können, loggen sich ratsuchende und beratende Personen auf einem Portal ein und schreiben innerhalb dieses Systems miteinander. Ins persönliche, heimische E-Mail-Postfach kommt nur die Benachrichtigung, dass eine E-Mail im System bereitliegt. Man spricht hier von einer webbasierten E-Mail-Beratung. Es handelt sich also nicht um ein E-Mail-Gespräch im engeren Sinne. Das wäre auch nicht hilfreich, denn es bestünde die Gefahr, dass andere Personen Zugang zum E-Mail-Konto der ratsuchenden Person hätten und so nicht nur mitbekommen, dass diese sich Rat holt, sondern eben auch den Inhalt der Anfrage und Antworten mitlesen und diesen Austausch verhindern, bestrafen oder manipulieren könnten. Das muss vermieden werden.

E-Mail ist ein asynchrones Medium, in dem in der Regel nur zwei Personen miteinander kommunizieren. Die Seelsorge kann anonym erfolgen. Ratsuchende Personen können sich mit einem frei wählbaren Nicknamen identifizieren und auf dem Portal ein Konto einrichten und dort anmelden. Auf diesem Konto wird auch der bisherige E-Mail-Wechsel gespeichert und kann entsprechend nachgelesen werden. Die E-Mail erlaubt eine zeit- und ortsunabhängige und vor allem verlangsamte Kommunikation. Eine E-Mail erwartet nicht, postwendend beantwortet zu werden. Sie darf auch mal einen Tag oder länger liegen bleiben und gibt so beiden Seiten, Autorin und Leserin, die Möglichkeit, den Text sacken zu lassen und eine Antwort wohlüberlegt vorzubereiten, gegenzulesen, drüber zu schlafen und dann erst abzusenden. Die tatsächliche Antwortfrequenz sollte in einem ersten Mailwechsel geklärt oder vorgegeben werden. Dabei dürfen diese Fragen leitend sein: Welchen Rhythmus erwarten Sie? Was bin ich selbst in der Lage zu leisten?

Die Möglichkeit zur Speicherung des bisherigen Schriftverkehrs stellt für manche Seelsorgende eine Herausforderung dar, weil es das unangenehme Gefühl auslöst, beim Wort genommen werden zu können. Theoretisch besteht schließlich die Gefahr, dass jemand Drittes die Korrespondenz mitlesen könnte und offenbar wird, wie beraten wurde. Für ratsuchende Menschen ist dieser zeitlich begrenzte Mitschnitt des E-Mail-Gesprächs jedoch in der Regel eine gut gefüllte Schatztruhe, die immer mal wieder in Ruhe geöffnet und in der nachgelesen werden kann. Ähnlich dürfen auch Ratgebende denken und Inhalte anonymisiert in Supervision und kollegiale Beratung einbringen. Eine gute Übung zum Lernen und Reflektieren. Zumal wir nach einem Präsenzgespräch meistens nicht die Sorge haben, unser Gegenüber könnte daraus anderen berichten oder Sätze weitererzählen. Wir gehen einfach davon aus, dass es wahrscheinlich passieren wird und leben damit.

Die E-Mail lesen

Das Wichtigste an der Beantwortung einer E-Mail ist das intensive Lesen der Anfrage. Ob Sie die E-Mail dafür ausdrucken oder am Monitor oder einem Lesegerät lesen, hängt sicher von Ihren persönlichen Bedürfnissen und Vorlieben ab. Einen Ausdruck können Sie in die Hand nehmen, das Papier fühlen, im Text mit farbigen Stiften Markierungen und Notizen eintragen. Wird die E-Mail ausgedruckt, wirkt die Arbeit am Text haptischer und die E-Mail kommt Ihnen näher, geht mehr »durch Ihren Körper«. Am Monitor können Sie dagegen die Schriftgröße variieren, digitale Markierungen und Notizen eintragen, Formatierungen ändern, nach Wörtern suchen und den gesamten Text oder Teile daraus vorlesen lassen. Die Textarbeit ist am Monitor flexibler und die Texte bleiben vielleicht etwas mehr auf Distanz zu Ihnen. Letztlich ist es Gewohnheit oder Geschmackssache, wie Sie vorgehen. Beides hat seine Vor- und Nachteile. Sollten Sie sich für den Ausdruck entscheiden, sorgen Sie bitte auch für eine datenschutzgerechte Vernichtung des Papiers.

Das »Integrative Qualitätssicherungsmodell« nach Eidenbenz (2009) hilft bei der Einschätzung der ratsuchenden Person, des Settings und des Beratungsverlaufes (vgl. Engelhardt 2021, S. 88 f.) und gibt gerade im Erstgespräch eine gute Anleitung und ein führendes Geländer. In einer Überarbeitung und Erweiterung ist es hier abgedruckt:

Arbeitsblatt nach dem »Integrativen Qualitätssicherungsmodell (IQSM)« (bearbeitet von Achim Blackstein)

Emotionalität Welche Emotionen nehme ich wahr? Qualität der Gefühle?	
Nähe oder Distanz Wie nah oder distanziert zu sich selbst, zum Thema, zu mir erlebe ich das Gegenüber? (Sprache, Anrede, Geschwindigkeit) Joining	
Dringlichkeit Wie dringlich erscheint die Problematik?	niedrig ------------ hoch
Problemdruck/Leidensdruck Wie hoch schätze ich den Druck ein? Krise? Suizidale Absicht?	niedrig ------------ hoch
Fragestellung/Auftrag Wie verständlich, klar, diffus ist die Frage? Habe ich das Thema/die Frage verstanden? Welche Informationen brauche ich noch? Wie lautet der Auftrag?	

Informationen zur Person Welche Informationen bekomme ich zur Person? Und zu anderen Personen? (Geschlecht, Ort, Alter, Arbeit, Funktion, …) Sozio-/Genogramm	
Informationen zum Kontext Welche Hinweise bekomme ich zum Umfeld?	
Ressourcen Hinweise zu Ressourcen der Person und der Personen/welche Lösungen stecken im Problem?	
Projektion Erwartungen und Projektionen des Klienten/der Klientin an sich selbst, an mich, ans Umfeld, ans Problem?	
Setting Ist das Setting geklärt? Was darf noch geklärt werden? Joining?	
Helfernetz Wer kann mit ins Boot?	

Versuchen Sie, das IQSM auf diese erste Anfrage anzuwenden. Beispielanfrage:

Hallo,
können Sie mir helfen? Ich bin total fertig mit den Nerven. Ich weiß echt nicht mehr weiter. Ist alles so ein scheiß gerade. Ich meine, wie kann man nur so doof sein und sich auf diese Typen einlassen? Ich kapiers nicht. Echt! Und was soll ich da jetzt als Vater machen? Ich meine, mein Sohn war noch nie so eine Leuchte. Er hat sich immer schon schnell mitreißen lassen und war auch immer irgendwie selbstständig. Meistens hab ich ihn auch gelassen, aber jetzt ist es echt gut. Aber sowas von!
Bin ratlos und vielleicht können sie ihm ja mal was aufschreiben.
Danke
Holger Wechsler

Seelsorger – Erstantwort:
Hallo Herr Wechsler,
vielen Dank für Ihre Nachricht. Mein Name ist Sepp Seelsorger und ich bin gerne für Sie da. Als Seelsorger an der Kirchengemeinde Musterstadt haben wir immer wieder mit Erziehungsfragen und familiären Herausforderungen zu tun. Darum mache ich mich gerne mit Ihnen auf den Weg nach tragfähigen Lösungen für Ihr Anliegen. Dabei versuche ich, Ihnen innerhalb von spätestens 48 Stunden zu antworten.
Ich verstehe, dass Sie in einer schwierigen Situation sind. Es tut mir leid zu hören, dass Sie so fertig mit den Nerven sind und dass Ihr Sohn in Schwierigkeiten steckt. Ich lese in Ihren Worten, wie belastend das für Sie ist.
Um besser auf Ihre Fragen und Bedenken eingehen zu können, benötige ich jedoch mehr Informationen. Könnten Sie mir bitte genauer schildern, was passiert ist und worin Ihre Sorgen und Ängste liegen? Wie alt ist Ihr Sohn?
Übrigens: Weitere Informationen zu unserer Arbeit und auch zu unseren Nutzungs- und Datenschutzbestimmungen finden Sie auf unserer Homepage.
Mit freundlichen Grüßen,
Sepp Seelsorger

Antwort von Holger Wechsler:
Hallo Herr Seelsorger,
danke für die schnelle Antwort. Also, mein Sohn ist 16. Und er hat sich auf einige Leute eingelassen, die nicht unbedingt die besten Vorbilder sind. Ich habe ihm schon oft gesagt, dass er mit solchen Typen besser nichts zu tun haben sollte, aber er hört einfach nicht auf mich. Ich mache mir Sorgen, dass er auf die schiefe Bahn geraten könnte und dass er sich in Schwierigkeiten bringt. Ich weiß nicht, wie ich ihn davon abhalten soll, mit diesen Leuten abzuhängen und ich habe Angst, dass ich ihn dadurch verlieren werde.
Ich hoffe, dass Sie mir helfen können.
Beste Grüße, Holger Wechsler

Seelsorger an Holger Wechsler:
Hallo Herr Wechsler,
oja, das gibt mir schon einen etwas genaueren Eindruck. Danke für Ihre Antwort.
Es ist verständlich, dass Sie sich Sorgen machen, wenn er sich mit Leuten umgibt, von denen Sie denken, dass sie nicht die besten Vorbilder sind. Besonders, wenn Ihr Sohn erst 16 Jahre alt ist. Für Eltern sind die Entscheidungen der Kinder manchmal schwer auszuhalten. Haben Sie mit Ihrem Sohn bereits darüber gesprochen? Was denken Sie, welche Gründe hat Ihr Sohn, dass er sich diese Personen ausgesucht hat?
Viele Grüße, Sepp Seelsorger

Antwort von Holger Wechsler:
Hallo Herr Seelsorger,
danke für Ihre Antwort. Wahrscheinlich sucht er Bestätigung. Das ist es sicher, weshalb er sich dieser Gruppe angeschlossen hat. Die tun cool und er möchte gerne dazugehören. Vielleicht ist es nur eine Phase. Aber als ich davon erfuhr, hat es mich schon umgehauen. Richtig gesprochen habe ich mit ihm noch nicht. Aber das mache ich bald.
Vielen Dank für Ihr Ohr.
Beste Grüße, Holger Wechsler

Seelsorger an Holger Wechsler:
Hallo Herr Wechsler,
Danke für Ihre E-Mail. Es ist schön zu lesen, wie sehr Sie sich um ihn sorgen und wie Sie sich viele Gedanken machen. So ist es bestimmt gut, wenn Sie mit Ihrem Sohn sprechen. Würde das nicht auch Ihrer Vater-Sohn-Beziehung guttun? Dann erfahren Sie aus erster Hand, was ihn bewegt und beschäftigt. Und auch, was seine Bedürfnisse zurzeit sind. Während der Pubertät ist bei Jungs eine Menge körperlich im Umbau und das sorgt mitunter für Verunsicherung. Wenn Sie ihm signalisieren, dass Sie für ihn da sind, ist das bestimmt hilfreich und gibt Ihrer Beziehung einen guten Impuls. Mögen Sie das probieren? Und wie könnte das konkret aussehen – haben Sie Ideen?
Ich freue mich, wieder von Ihnen zu lesen.
Viele Grüße, Sepp Seelsorger

Das sogenannte »4-Folien-Konzept« von Birgit Knatz ist eine hilfreiche Methode, um sich der E-Mail langsam und intensiv zu nähern (Knatz 2022, S. 260 ff.). Dabei werden nacheinander drei Folien über die E-Mail gelegt und sie entsprechend befragt, ehe mit der vierten Folie die Antwort formuliert wird.

Folie 1: eigener Resonanzboden: Was nehme ich beim Lesen der E-Mail bei mir selbst wahr? Welche Gefühle, Bilder, Fantasien entstehen? Welche Ideen entwickeln sich in mir? Einschätzen meiner eigenen Kompetenz zu diesem Thema – kann ich das beantworten, geht das per E-Mail? Kann und möchte ich mit diesem Menschen in Kontakt treten? Eventuell unter welchen Bedingungen? Was wünsche ich (spontan) dieser Person?

Folie 2: Thema und Hintergrund: Was ist das Thema der Nachricht? Gibt es mehrere? Was nehme ich im ersten Lesen der Nachricht wahr, was zeigt sich bei intensiverem Lesen? Gibt es Schlüsselwörter? Welches Bild vom Verfasser entsteht in mir? Was erfahre ich über den Kontext? Welche Fakten werden mitgeteilt? Welche Stärken und Schwächen nehme ich wahr? Was verstehe ich nicht?

Folie 3: Hypothesen: Noch mal: Was ist das Thema? Was sagt die Verfasserin, der Verfasser über sich selbst? Welche Wünsche, Fragen oder Erwartungen an mich als Beratende nehme ich aus der E-Mail wahr? Wird ein Auftrag benannt? Welche Ziele werden verfolgt? Eigene Hypothesen bilden und daraus offene Fragen vorformulieren.

Folie 4: Intervention: Anrede. Einleitung – Vorstellung, Bedingungen, Rahmen, Grenzen (eventuell auch Bedingungen des Kontakts), Wertschätzung der Anfrage. Mitteilen, was sachlich und emotional verstanden wurde. Mitteilen, was noch unklar ist. Offene Fragen stellen (Hypothesen). Aufzeigen von Problemlösungswegen. Nachfragen, ob das machbar ist. Guten Wunsch formulieren. Abschluss und Einladung zu weiterem Gespräch/Austausch.

Nachdem Sie eine erste Antwort formuliert haben, lassen Sie diese noch eine Nacht liegen. Vielleicht mögen Sie am nächsten Tag noch etwas ändern oder anpassen? Wenn Sie zufrieden sind, klicken Sie auf »Absenden«.

Für welche der hier beschriebenen Anleitungen zum Lesen einer E-Mail Sie sich schließlich selbst entscheiden, hängt sicher von Ihren persönlichen Vorlieben und auch Ihrer Erfahrung ab. Vielleicht wollen Sie auch gerne verschiedene Wege miteinander kombinieren und Ihr eigenes System entwickeln.

Das 14-Schritte-Programm nach Eleonore Ploil (2009) bietet einen sehr achtsamen und ressourcenorientierten Weg zur Antwort-E-Mail. Hierbei gehen Sie wie folgt vor:

1. Lesen des Anfragetextes.
2. Festhalten des subjektiven Eindrucks zum Text und dem Verfasser oder der Verfasserin.
3. Herausarbeiten der Fakten, die im Text beschrieben werden (z. B. in Bezug auf beschriebene zeitliche Ereignisse, beteiligte Personen, Rahmenbedingungen, Ressourcen etc.).
4. Identifizierung des beschriebenen Problems.
5. Erkennen der beschriebenen Lösungsversuche.
6. Herausarbeiten der benannten Ressourcen.
7. Analyse der beschriebenen Themen und der damit verknüpften Emotionen der ratsuchenden Person.
8. Herausarbeiten der im Text vorhandenen Selbst-, Fremd- und Situationsbewertungen.
9. Erkennen möglicher Ambivalenzen und Spannungen in der Darstellung.
10. Einschätzen des eigenen fachlichen und bezugswissenschaftlichen Wissens in Bezug auf die im Text beschriebenen Themenbereiche.
11. Aufstellen von eigenen Hypothesen bezüglich des beschriebenen Problems.
12. Beschreiben der Ziele der Institution, in der man tätig ist, und der Ratsuchenden sowie eigener Ziele.
13. Auswahl geeigneter Kommunikationstechniken zur Erreichung dieser Ziele.
14. Formulieren der Rückantwort an den oder die Ratsuchende.

Das 14-Schritte-Programm braucht etwas Disziplin, kostet Zeit und verlangsamt das Lesen der Anfrage enorm. Das ist gut so und verhindert die Formulierung einer zu schnellen, wie aus der Hüfte geschossenen Antwort, die am Kern des Themas und am Anfragenden vorbeigine. Vielleicht nehmen Sie das bei sich selbst auch wahr: Beim Lesen einer Anfrage entstehen relativ zügig erste Ideen, Diagnosen, und nach und nach entwickeln sich im Kopf auch erste Antwortsätze, Lösungsvorschläge oder Richtungshinweise, in die sich die ratsuchende Person bewegen müsste, um weiterzukommen und die Herausforderung zu meistern. Das aber sind »unsere« Ideen und Meinungen zum Anliegen. Um nicht Gefahr zu laufen, der ratsuchenden Person unsere Lösungen zu präsentieren, ist es hilfreich, Bremsen einzubauen, die verhindern, dass wir als Beratende diesen ersten eigenen Ideen tatsächlich folgen und darauf aufbauend Antworten notieren. Gehen Sie langsam vor. Hinterfragen Sie sich und üben Sie Hypothesen zur Person und deren Anliegen zu formulieren, die Sie im Laufe der Texterarbeitung immer wieder abklopfen und neu justieren.

> *Hypothesen*
> Eine Hypothese ist in der Sprache positiv, wertschätzend und neutral formuliert. Sie ergreift also keine Partei und schlägt sich auf keine Seite. Sie verzichtet auf negative oder defizitäre Zuschreibungen und Verneinungen. Sie formuliert wohlwollend und freundlich konstruktiv. Eine Hypothese, die Sie den ratsuchenden Menschen nicht zeigen mögen, ist keine gute Hypothese. Formulieren Sie im Konjunktiv, damit Spielraum zum Anpassen und für Wachstum bleibt. Indikativ wäre stattdessen eine Zuschreibung und Festlegung, wir wollen aber ja Handlungsmöglichkeiten erweitern und flexibel werden. Mit den Hypothesen konstruieren wir darum einen (neuen) Bedeutungsrahmen (Reframing) und einen Kontext (Rekontextualisierung) für die Ratsuchenden.

Beispiel: Ratsuchende beschreibt, dass sie gern abends ein Glas Rotwein trinkt.

Hypothesen: Möglicherweise ist der Konsum von Rotwein Teil eines größeren Musters von Entspannungsverhalten, das die Ratsuchende in stressigen oder belastenden Situationen anwendet. Möglicherweise hat das Trinken von Rotwein eine symbolische Bedeutung für die Ratsuchende und dient als eine Art »Ritual«, um den Tag abzuschließen oder eine bestimmte Stimmung zu erzeugen. Die Vorliebe für Rotwein könnte möglicherweise ein Hinweis auf ein bestimmtes soziales Umfeld oder eine bestimmte Lebensweise sein, mit der die Person sich identifiziert oder von der sie sich abgrenzt. Möglicherweise versucht sie durch das Trinken, bestimmte Emotionen zu betäuben oder unangenehme Gefühle zu vermeiden. Möglicherweise verspürt die Person einen gewissen Druck oder Erwartungen, in ihrem sozialen Umfeld Alkohol zu konsumieren, was sie dazu veranlasst, regelmäßig Rotwein zu trinken. Möglicherweise ist sich die Ratsuchende über ihre Beziehung zum Alkohol unsicher und befindet sich in einer Art »Grauzone« zwischen normalem Konsum und problematischem Verhalten.

Die immer wiederkehrende Formulierung »möglicherweise« zeigt, dass es sich bei Hypothesen um Überlegungen und Ideen, aber keinesfalls um Fakten handelt. So stur angewendet schützt es Seelsorgende davor, den eigenen Gedanken zu sehr Gewicht und Wahrheit zu geben. Stattdessen lassen sich aus den Hypothesen dann gute Arbeitsfragen ableiten:

»Wie oft trinken Sie Alkohol am Abend? Kennen Sie das Verhalten auch aus Ihrer (Herkunfts-) Familie? Was sagen andere (Eltern, Geschwister, Freunde, Nachbarn, Kollegen) dazu, dass Sie abends gerne ein Glas Rotwein trinken? Wenn Sie dieses Verhalten von einer Freundin hören würden, was würden Sie selbst denken? Was ihr raten? Versuchen Sie einen Zustand zu erreichen? Wann wissen Sie, dass Sie genug getrunken haben? Trinken Sie nur abends? Welche Emotionen nehmen Sie bei sich in Anspannung oder Stress wahr? Welche Wirkung hat hier der Alkohol?«

Es ist nicht falsch, Lösungsansätze zu erwägen. Oft kommen diese Ideen ohnehin von ganz allein und entstehen beim Lesen oder auch während des eigentlichen Gesprächs. Aber noch einmal: Unsere Ideen sind nicht (unbedingt) passende Lösungen für die Anliegen anderer Menschen. Wir sind nicht schlauer als sie und gehen nicht in deren Schuhen. Wir können aber das, was in uns an Ideen wächst, zu Arbeitshypothesen ausarbeiten und diese ins Gespräch miteinbringen.

Zum Fall der Rotwein trinkenden Person: Möglicherweise tut es der Person gut, ausführlich von ihren Abenden zu erzählen, um sich selbst langsam und behutsam mit ihrer eigenen Trinkkultur zu beschäftigen. Möglicherweise ist es für die Person hilfreich, ihre Gefühle und Gedanken zu entdecken und zu benennen, um mit sich selbst nach und nach in einen guten Kontakt zu kommen. Möglicherweise braucht die Person Unterstützung in der Bewältigung des alltäglichen Stresses, um langfristig gesünder zu entspannen. Möglicherweise hilft es der Person nötige Skills zu erlernen, um mit Anspannung oder Erschöpfung hilfreich umzugehen.

Die Arbeitshypothesen bieten Ihnen als Seelsorgerin oder Seelsorger die Möglichkeit, einen Plan für die Seelsorge zu entwerfen. Starten Sie darum ganz vorne: Was, denken Sie, könnte der Person zuerst guttun und helfen? Sich Zeit nehmen, um das Problem oder Thema zu beschreiben, ist da ein guter Start. Von dort aus gehen Sie weiter. Die Arbeitshypothesen lassen sich dann als Fragen und Angebote einbringen: »Haben Sie schon immer Rotwein getrunken, um sich zu entspannen? Was wären noch gute Möglichkeiten, um runterzufahren?«

> Eine ratsuchende Person äußert Ihnen gegenüber im Schreibgespräch, sie sei früher gerne zur Kirche gegangen und glaube auch eigentlich noch an Gott, aber im Moment könne sie ihn nicht spüren und wisse darum nicht, ob er noch bei ihr ist.
> Entwickeln Sie fünf Hypothesen dazu.
> Erarbeiten Sie dann drei Arbeitshypothesen, die Sie dieser Person anbieten möchten.

Fragetechniken

In der Seelsorge gibt es verschiedene Fragetechniken, die angewendet werden können, um die ratsuchende Person dabei zu unterstützen, die eigenen Gedanken und Gefühle zu reflektieren und die persönliche Perspektive zu erweitern. Manches ergibt sich aus den Hypothesen, weitere Fragen sind hier beispielhaft notiert.

Offene Fragen ermöglichen es der ratsuchenden Person, ausführlich zu antworten und eigene Ideen und Gedanken einzubringen. Beispiele für offene Fragen sind: »Was denken Sie darüber?«, »Wie fühlen Sie sich dabei?«, »Was ist für Sie wichtig?«. »Warum?« ist übrigens keine offene Frage. Wer hier antwortet, kommt schnell in eine gewisse Selbstverteidigung und (Selbst-)Rechtfertigung. Hilfreicher ist es, nach dem guten Grund zu fragen: »Welchen guten Grund können Sie sich vorstellen, der Ihre Schwester so handeln ließ?«, »Welche guten Gründe hat Ihr Chef, um sich so zu verhalten?«

Skalierungsfragen helfen den Ratsuchenden dabei, die aktuelle Situation oder die Fortschritte in einem bestimmten Bereich zu bewerten. Beispiele für Skalierungsfragen sind: »Auf einer Skala von 1 bis 10, wie stark belastet Sie das?«, »Wie zufrieden sind Sie derzeit mit Ihrem Leben?«

Die *Wunderfrage* fordert Ratsuchende auf, sich eine ideale Zukunft vorzustellen und zu beschreiben, wie diese aussieht. Die Frage lautet: »Stellen Sie sich vor, Sie wachen morgen früh auf und ein Wunder ist geschehen und alles ist so, wie Sie es sich wünschen, alle Probleme sind verschwunden. Was hat sich verändert?« Und/oder weiter: »Was tun Sie dann?«

Reflektierende Fragen fordern auf, über eigene Gedanken und Gefühle nachzudenken und sich wie in einem Spiegel zu betrachten. Beispiele für reflektierende Fragen sind: »Wie haben Sie sich dabei gefühlt?«, »Was denken Sie darüber, was gerade passiert ist?«, »Was nimmst du bei dir selbst wahr?«

Durch *zirkuläre Fragen* können die Interaktionen und Beziehungen mit anderen Menschen durchdacht und besser verstanden werden. Beispiele für zirkuläre Fragen sind: »Wie denken Sie, dass die andere Person auf Ihre Aussage reagiert hat?«, »Was meinen Sie, würde ihr Bruder dazu sagen?«, »Wenn ich Ihre Freundin fragen würde, was würde sie mir antworten auf die Frage, wie es Ihnen geht?«

Diese Fragetechniken können dazu beitragen, dass die ratsuchenden Menschen ihre Sicht auf die eigenen Probleme und Herausforderungen erweitern, neue Lösungen für Probleme finden und eine größere Anzahl an Verhaltens- und Veränderungsmöglichkeiten entdecken. Fragen wollen den Horizont weit machen und lüften. Dabei hilft der ganzheitliche Blick auf die Seelsorgepartnerin und den Seelsorgepartner. Wir wollen auch aus der Problemanschauung in die Lösungsanschauung kommen und dabei auch gerne einige Ressourcen wecken.

Dazu zählen auch Fragen, um den Auftrag genauer zu beschreiben und zu klären:

»Welches von den genannten Problemen möchtest du zuerst angehen?«, »Worum geht es Ihnen?«, »Was möchten Sie erreichen?«,

»Was soll in unseren Gesprächen passieren?«, »Worum soll es nicht gehen?«, »Was sollte nicht passieren?«, »Woran erkennst du, dass du auf dem richtigen Weg bist?«, »Was erwarten Sie von mir?«, »Was haben Sie bereits versucht?«, »Aus welchen Gründen hat das bisher nicht funktioniert?«

Sollten Sie als Seelsorgerin oder Seelsorger noch offene Fragen haben, stellen Sie diese: »Ich habe noch nicht genau verstanden, was Sie beschäftigt?«, »Mir ist noch nicht klar, was dann passierte, kannst du das genauer beschreiben?«, »Würden Sie bitte die Zeitangaben noch mal wiederholen oder präzisieren?«, »Was geschah danach?«

Lösungsorientierte Fragen forschen nach dem, was hilfreich ist. »Was haben Sie bisher probiert und was war davon zumindest etwas hilfreich?«, Was müsste Ihrer Meinung nach passieren?«, »Wenn du allein entscheiden könntest, was würdest du dann tun?«, »Können Sie sich vorstellen, dass Sie vielleicht einmal Folgendes versuchen?«

> Erinnern Sie sich an eine (oder auch mehrere) Frage, die so punktgenau und passend war, dass Sie sich gut verstanden und konstruktiv begleitet fühlten? Wie lautet die Frage?

Zwischen den Zeilen lesen

In der Seelsorge geht es unter anderem darum, Menschen in schwierigen Lebenssituationen zu unterstützen und ihnen dabei zu helfen, ihre Probleme zu lösen und ihr Wohlbefinden zu verbessern. Dabei ist es jedoch oft nicht ausreichend, nur auf das zu achten, was die Person explizit sagt. Oftmals verbergen sich hinter den Worten unausgesprochene Gefühle oder Bedürfnisse, die nur durch eine genaue Beobachtung der nonverbalen Kommunikation erkannt werden können. Daher ist es von entscheidender Bedeutung, in der Seelsorge »zwischen den Zeilen zu lesen«. Dies erfordert ein hohes Maß an Sensibilität und Einfühlungsvermögen, um die Bedürfnisse und Gefühle der Person besser zu verstehen. Dabei ist es wichtig, auf die Wortwahl, den Kontext und die Körpersprache zu achten, um verborgene Bedeutungen zu erkennen. In der digitalen Seelsorge sind Emojis, Satzzeichen oder die Wahl bestimmter Wörter

Ersatzzeichen für die nonverbale Kommunikation, die sonst durch Körpersprache ausgedrückt würde. Sie geben Hinweise auf möglicherweise unausgesprochene Bedürfnisse oder Gefühle. Auch der Kontext einer Nachricht kann wichtige Details liefern, die auf emotionale Anspannung oder Unsicherheit hinweisen können. Es ist wichtig, dass Seelsorgerinnen und Seelsorger ihr Bauchgefühl und ihre bisherigen Erfahrungen in Gesprächen nutzen, um unsichere Nachrichten zu interpretieren und um Rückfragen zu bitten, wenn Klärungsbedarf besteht. Eine offene Frage wie »Mir fällt auf, dass sich deine Art zu schreiben verändert hat, bisher hattest du doch immer kurz und prägnant formuliert, jetzt benutzt du viel mehr Worte – das fällt mir auf und ich frage mich, ob es mir etwas sagen will?« kann dabei hilfreich sein.

Das »Zwischen-den-Zeilen-Lesen« erfordert also Feingefühl und Empathie, da es darum geht, die Welt aus der Perspektive der Ratsuchenden zu betrachten. Wer diese Kompetenz beherrscht, kann Menschen noch besser verstehen und noch gezielter auf ihre Bedürfnisse eingehen, um ihnen effektiver zur Seite zu stehen.

Auf die E-Mail antworten

Die Erstantwort auf eine eingegangene E-Mail-Anfrage sollte nicht länger als 48 Stunden auf sich warten lassen. Wir können uns vielleicht vorstellen, wie ungeduldig viele Ratsuchende auf die Beantwortung ihrer E-Mail warten. Und wenn es zu lange dauert, zweifeln auch viele daran, ob die E-Mail überhaupt angekommen ist. Sehr gut ist es, wenn eine Autoresponder-Antwort schon einmal signalisiert, dass die E-Mail eingegangen ist und bald gelesen werden wird. Auch wenn diese Reaktion automatisiert kommt und noch keinen persönlichen, menschlichen Kontakt darstellt, wird sie doch als Wertschätzung verstanden und signalisiert ein »Ich sehe dich«.

In der tatsächlichen Erstantwort darf dann die Wertschätzung menschlich ausgedrückt werden, indem auf die Begrüßung ein Dank für die Anfrage folgt. Orientieren Sie sich in der Länge Ihrer Antwort und im Sprachstil an der Anfrage. Empathisch nehmen Sie dann die vielleicht in der E-Mail-Anfrage geschilderte Problematik auf und bieten dazu Ihre eigene Kompetenz als Seelsorgerin oder Berater an.

»Bei mir/uns sind Sie mit Ihrem Anliegen in guten Händen«, könnte eine passende Formulierung sein, die schließlich in der formulierten Erwartung einer Rückantwort mündet und die erste Antwort abrundet. Klären Sie bitte auch, zu welchen Zeiten Sie erreichbar sind und in welcher Geschwindigkeit mit jeweils einer Nachricht gerechnet werden darf.

Fallbeispiele – Formulieren Sie eine Erstantwort zu diesen beiden Anfragen. Wenden Sie dazu das 14-Schritte-Programm an. Notieren Sie auch Ihre Hypothesen.

Hallo Herr Pastor Müller,
vielleicht erinnern Sie sich an uns als Familie, an mich, meinen Mann und unsere Tochter Kimberley. Sie hatten vor zwei Jahren Kimberley konfirmiert und es hatte ihr auch sehr gut im Konfirmationsunterricht gefallen. Ich weiß nicht, an wen ich mich sonst wenden soll, darum schreibe ich Ihnen mal. Ich hoffe, das ist in Ordnung, sonst sagen Sie es ruhig. Also, mein Mann und ich, wir machen uns Sorgen um Kimberley. Große Sorgen sogar, um ehrlich zu sein. Sie zieht sich in den letzten Wochen sehr zurück. Wir kommen kaum noch an sie ran und sie erzählt uns auch nichts. Sie sitzt nur noch viel in ihrem Zimmer und chattet mit ihren Freundinnen. Sie hat auch abgenommen, wissen Sie? Kimberley war ja nie ein dickes Mädchen, aber jetzt ist sie noch dünner geworden und wir haben Sorgen. Hat sie Magersucht? Immer wenn ich sie darauf anspreche, dann wird sie nur stinkig und verzieht sich wieder in ihr Zimmer. Ich soll sie in Ruhe lassen, sagt sie dann. Aber ich kann sie nicht in Ruhe lassen! Sie ist doch meine Kleine und sie war auch immer ein richtig liebes Kind. Nun ist das alles weg. Vielleicht können Sie uns helfen, Herr Pastor, wo Kimberley doch so gerne in der Kirche dabei war.
Vielen Dank!
Ihre Monika G.

Sehr geehrte Frau Pastorin,
was mich immer wieder beschäftigt, ist die Frage nach Gott im Leid. Wie kann Gott das zulassen? Wie Sie wissen, betreue ich etwas meine Nachbarn, die ja ihren Sohn bei einem Motorradunfall verloren haben. Das ist für mich eine schöne, aber auch sehr anstrengende Aufgabe.

Die Familie tut mir leid und wenn ich helfen kann, dann tue ich das gerne. Aber ich weiß leider nicht immer, was ich sagen soll. Vielleicht können Sie das verstehen. Was sage ich, wenn ich mal wieder gefragt werde, wieso Gott den Unfall nicht verhindert hat? Wie antworte ich auf die Frage nach Gottes Allmacht? Das ist für mich nicht einfach. Danke, dass ich Sie um Rat und Hilfe fragen darf. Bestimmt haben Sie einen Tipp für mich.
Herzliche Grüße
Herbert Schneeweiß

Lassen Sie eine Kollegin oder einen Kollegen auf Ihren Text antworten. Formulieren Sie dann eine weitere Antwort.

Welches Anliegen hat Ihr Gegenüber? Welche Hypothesen entwickeln Sie anhand der Ihnen zur Verfügung stehenden Informationen? Wie wird sich Ihrer Meinung nach der weitere Gesprächsverlauf entwickeln?

In der Erstantwort wird als Anhang oder etwas später im Text der E-Mail auch auf die rechtlichen Rahmenbedingungen hingewiesen. Informationen zum Datenschutz, eventuell Vertrags- oder Kontraktunterlagen und Informationen zum Haus oder Träger sowie zu weiteren Regelungen (Urlaub, Vertretung, Zeiten der Erreichbarkeit, analoger Kontakt). Auch die Frage, ob die Beratung Geld kostet, sollte hier beantwortet werden. So entsteht eine Transparenz und die ratsuchende Person weiß, woran sie ist.

Beispiel:
Hallo Eike Müller, vielen Dank für Ihre Anfrage und Ihren Wunsch nach Beratung. Mein Name ist Sepp Seelsorger und ich bin Ihr fester Ansprechpartner. Unsere Seelsorgestelle gehört zum Kirchenkreis und wir arbeiten ehrenamtlich. Unser Angebot ist kostenlos. ...
Sie finden unsere Datenschutzbestimmungen auf der Homepage zum Download. Dort können Sie auch noch nachlesen, was uns besonders macht und wie wir arbeiten. Dort finden Sie auch alle analogen Kontaktdaten wie unsere Adresse und Telefonnummern.
In aller Kürze hier die wichtigsten Informationen für Sie: Schreiben Sie, wann immer Ihnen danach ist. Wir haben in der E-Mail-Seelsorge keine festen Öffnungszeiten. Wir versuchen, E-Mails innerhalb von

48 Stunden zu beantworten. Oft klappt das auch. Sollten Sie einmal länger warten, bitten wir Sie um Geduld. Sie werden nicht vergessen! Bei Urlaub informieren wir Sie vorher, bei längeren Ausfällen (Krankheit) fragen wir Sie, ob Sie warten wollen oder jemand anderes aus unserem Team Ihre Anfrage übernehmen darf.

Formulieren Sie eine eigene Antwort.

Wenn es nicht anderslautende Standards in der Beratungsstelle oder Seelsorge gibt, sollte sich die erste Antwort-E-Mail an Länge und Stil der Anfrage orientieren. Es wird auch keine Lösung vorgeschlagen, sondern Verständnis und Wertschätzung geäußert und zur Zusammenarbeit eingeladen. Das Gespräch kann gut fortgesetzt werden, wenn mit einer oder zwei Fragen die E-Mail beendet wird. Mehr Fragen sollten es allerdings nicht sein, da es sonst überfordern könnte. Ohnehin sollte in Maßen, aber gezielt gefragt werden. Die erste Antwort dient dazu, die Basis für die Seelsorge-/Beratungsbeziehung zu legen und wichtige Informationen zu geben.

Ob Sie in der E-Mail-Seelsorge siezen oder duzen, hängt von vielen Faktoren ab, von denen Ihre persönliche Vorliebe nur einer ist. Bestimmender werden zunächst die Kultur und die Vorgaben des Arbeitsplatzes oder des Angebots an sich sein. Was ist im Konzept der E-Mail-Beratung festgelegt? Was ist Kultur bei Ihnen? Wie sprechen Sie sonst ratsuchende Personen an? Wie werden Sie von ratsuchenden Personen angesprochen?

Es unterstützt das Joining, wenn man sich im Ton und Stil soweit möglich der ratsuchenden Person anpasst. Werde ich also in der Erstanfrage gesiezt, sieze ich ebenfalls. Werde ich geduzt, frage ich, ob wir uns gegenseitig auf das Du verständigen wollen. So suche ich auch hierdurch eine gemeinsame Augenhöhe.

Nachbereitung der schriftbasierten Seelsorge

Nachdem ein Chatgespräch oder eine E-Mail geschrieben und erst recht nachdem ein Seelsorgeprozess abgeschlossen wurde, beginnt die Nachbereitung. Sie dient zum einen der persönlichen Selbstfürsorge und hilft, Abstand vom Fall und den darin besprochenen Problemen aufzubauen. Es ist wie das Abklopfen der Kleidung nach einem

Präsenzgespräch. Die ratsuchende Person darf nicht nur räumlich, sondern auch »aus uns« verabschiedet werden. Denn so mancher Gedanke schwirrt vielleicht noch im Kopf herum, manche Reaktion ist noch sehr lebendig und körperlich spürbar. Vielleicht gab es im Verlauf des Schreibgesprächs auch Momente der Unsicherheit oder das Gefühl, den Faden verloren oder aneinander vorbei geredet zu haben. Fehler und Missgeschicke passieren und sind menschlich. Wir dürfen hier loslassen und vor allem nicht zu hart mit uns selbst ins Gericht gehen. Lassen Sie sich von der Frage leiten: »Was brauche ich jetzt nach diesem Gespräch?«

Gleichzeitig ist aber die Nachbereitung auch eine Zeit der fachlichen Selbstreflexion. In Anlehnung an einen Fragebogen von Emily Engelhardt (2021, S. 157) sind diese Fragen hilfreich:

Einschätzung der Anfrage
- War die Anfrage für mich eher »schwierig« oder »leicht«?
- Wie gut habe ich die Anfrage verstanden?
- Welche Emotionen habe ich bei mir wahrgenommen?
- Wie bin ich mit diesen umgegangen?
- Konnte ich nach dem Bearbeiten der Anfrage gut abschließen?

Einschätzung des Prozesses
- Wie zufrieden bin ich mit dem bisherigen Gesprächsverlauf?
- Was habe ich als Anliegen verstanden?
- Worauf möchte ich bei den nächsten Antworten besonders achten?
- Was würde ich wieder so machen?
- Was würde ich künftig anders machen?
- Wo habe ich Schulungsbedarf?
- Was möchte ich in die Supervision/kollegiale Beratung/Intervision einbringen?

Einschätzung des Kontakts mit dem/der Ratsuchenden
- Wie ist das Joining gelungen?
- Wie war der Kontakt mit dem/der Ratsuchenden?
- Welche Rückmeldungen habe ich vom/von der Ratsuchenden bekommen?

- Wie bin ich mit diesen umgegangen?
- Wie würde der/die Ratsuchende meine Beratungsleistung einschätzen/bewerten?

Die Fragen eignen sich ebenfalls für die Nachbereitung eines Chatgesprächs.

Warum uns Schreiben guttut

Die französische Organisation »Association les Papillons« (Die Schmetterlinge) hat in den letzten drei Jahren über 220 weiße Briefkästen an Schulen in ganz Frankreich aufgehängt. Über 60.000 Kinder werden damit erreicht, und sie alle lesen dieselbe Aufforderung: »Schreib, was du nicht sagen kannst.« Mehr als 2000 Briefe hat die Organisation bisher erhalten und diese Briefe erzählen von den Krisen, Kämpfen und Leiden der Kinder und von den Verbrechen, die an ihnen begangen werden. Viele Briefe handeln von Mobbing, körperlichen Misshandlungen und sexualisierter Gewalt. Schreiben hilft. Nochmal mehr, wenn die Möglichkeiten so niedrigschwellig angeboten werden, wie hier. Und in diesem Beispiel kann es sogar konkret Leben retten, Täter überführen und Verbrechen verhindern (Haas 2023). »Schreib, was du nicht sagen kannst« – das ist das starke und gleichzeitig zart berührende Motto dieses Engagements in Frankreich, und es könnte genauso für die Chat- oder E-Mail-Seelsorge stehen. Auch hier schreiben Menschen von Erlebnissen und Erfahrungen, die ihnen zu nahe gehen oder zu sehr verletzen oder zu peinlich sind, um darüber zu sprechen. Aber indem sie davon und darüber schreiben, werden sie es ein wenig los. Ein erster Schritt zumindest ist dann getan. Schreiben öffnet die Seele und lässt den Atem neu fließen. Manche kennen das sicher vom regelmäßigen Schreiben im Tagebuch oder Journal. Es tut einfach gut, es ordnet die Gedanken, die Unruhe findet einen Ort, an dem sie sich niederlassen kann, wie ein Schmetterling, der umherflattert, und so finden auch wir Menschen durch das Schreiben zu einer Verbesserung der Stimmung, der Schlafqualität und des allgemeinen Wohlbefindens. Beim Schreiben können wir Menschen bereits vorausdenken, planen und sogar unsere Handlungen und Ideen imaginativ erproben.

Dass und wie Schreiben hilft, konnte mittlerweile auch wissenschaftlich in zahlreichen Studien belegt werden und wird entsprechend in der Schreibtherapie auch zur Behandlung von Störungsbildern wie Depression, Angst, Stress und sogar posttraumatischen Belastungsstörungen eingesetzt (vgl. Heimes 2017; Nicklas 2018). Das darf auch für die Seelsorge ermutigen. Vermutlich hilft das Schreiben dabei, wieder ein Gefühl der Kontrolle über das eigene Leben und Schicksal zu erlangen. Gerade Gedanken und Gefühle, die nie ausgesprochen wurden oder intensiv verdrängt worden sind, können sich schriftlich festgehalten öffnen und weicher werden. Schreiben kann als Akt der Selbstbefreiung und Selbststeuerung sein, man erlebt sich oft als selbstwirksam und aktiviert Selbstheilungskräfte und kann dadurch persönliche Hoffnung auf Besserung steigern.

Ohne selbst therapeutisch tätig werden zu sollen, ermutigen wir in der Seelsorge die ratsuchenden Menschen dazu, Worte und Sätze für sich zu finden. Spannenderweise können das auch Worte des Schweigens sein. Entscheidend ist die Ermutigung, sich selbst wichtig genug zu nehmen und in eigenem Tempo und eigenen Worten sich selbst für sich selbst oder im Austausch mit uns Seelsorgenden zu benennen, was gerade ist und was gerade gebraucht wird. Wir vertrauen dabei der Wirkung des Schreibens an sich, diesem langsamen, achtsamen, selbstfreundlichen Nachdenken und Durch-sich-selbst-Hindurchbewegen der eigenen Gedanken und Gefühle. Bisherige Rückmeldungen aus der E-Mail- und Chatseelsorge bestätigen dieses Vorgehen. Menschen bedanken sich dafür, einen Raum zur Verfügung gestellt zu bekommen, in dem sie sich ausschreiben können. Schreiben, was sie nicht sagen mögen.

> Haben Sie in Ihrem Leben schon mal selbst schriftliche Beratung oder Seelsorge in Anspruch genommen? Oder schreiben Sie in ein Tagebuch? Wie ist das für Sie? Was gefiel Ihnen daran bisher? Was war oder ist eher schwierig? Wo sehen oder erleben Sie selbst Grenzen der schriftlichen Beratung?

Videogespräch

Videoberatung findet nicht nur in der Seelsorge oder psychologischen Beratung statt. Auch in Arztpraxen und Banken werden Menschen online per Videogespräch beraten. Die Coronapandemie hat dem noch einmal einen gehörigen Schub verpasst und die Angebote ausgeweitet und auch mehr und mehr normalisiert. Videoberatung an sich gibt es ja schon lange. Heute aber ist es nicht mehr ungewohnt oder gar merkwürdig und unseriös, auf diesem Kanal Menschen zu begegnen und sie zu unterstützen oder Informationen weiterzugeben. Es wäre eher merkwürdig, dies nicht zu tun oder zu nutzen. Dabei handelt es sich gar nicht immer um Beratung oder Seelsorge im engeren Sinn, sondern auch Aufklärung, Information, Öffentlichkeitsarbeit lassen sich gut über dieses Medium anbieten. Und so haben auch Sportvereine und Fitness-Studios in den letzten Jahren manchen Kurs und manches Angebot online gestellt und dabei gemerkt, dass sich über diesen Kanal gut miteinander arbeiten und Kontakt halten lässt. Es entsteht Vertrauen und eine gute Beziehung zueinander und die Nutzerinnen und Nutzer nehmen mit Gewinn daran teil.

Das darf uns auch für die Seelsorge ermutigen. Zumal die Seelsorge im Videogespräch in der Zukunft sicher noch zunehmen wird. Denn es braucht für ein Videogespräch nicht nur eine Videogespräch-Software wie Zoom, Skype, Jitsi oder BigBlueButton, alle Messenger haben ebenfalls eine Funktion für Videogespräche, und somit ist diese Möglichkeit nur einen Fingerklick entfernt, kann bei Bedarf sogar kurz zugeschaltet werden und unterstützt im Sinne der »blended« Beratung die vielfältigen anderen Möglichkeiten der Online-Seelsorge.

Vorteile der Seelsorge per Videogespräch:
- große Ähnlichkeit mit einem Präsenzgespräch, auch Gestik, Mimik, Pausen und Stimme werden übertragen;
- direkte Kommunikation durch Sprache;

- Blick in den Kontext der ratsuchenden Person möglich (Zimmer, Umgebung);
- Telepräsenz sorgt für eine hohe soziale Nähe und emotionale Verbindung;
- größere Flexibilität für ratsuchende Personen, da sie von zu Hause oder von einem anderen Ort aus an den Gesprächen teilnehmen können;
- ausgeprägte Barrierearmut, auch Menschen mit Handicap oder anderen Herausforderungen haben einen leichten Zugang zu Seelsorgeangeboten;
- hilfreich für Menschen, denen Schreiben schwerfällt;
- Zeit- und Geldersparnis, da Reisewege wegfallen;
- Einbinden von zusätzlichen Tools und Beratungsressourcen durch die »Bildschirmteilen-Funktion«;
- Ratsuchende können während des Gesprächs in ihrer selbstgewählten Umgebung bleiben, was ihnen ein höheres Maß an Komfort und Bequemlichkeit bietet;
- erhöhte Privatsphäre: Ratsuchende können Videogespräche von jedem Ort aus führen, an dem sie sich sicher und wohl fühlen.

Nachteile könnten sein:
- direkter Augenkontakt ist schwer herzustellen;
- relativ hohe technische Anforderungen an Bandbreite und verwendete Geräte, einige Personen haben möglicherweise nicht das erforderliche technische Equipment oder sind unsicher in der Bedienung;
- manche haben eine Scheu oder Scham, vor einer Kamera zu sein und gefilmt zu werden;
- Anonymität wird aufgehoben oder eingeschränkt, da Stimme und/oder Bild übertragen werden;
- durch die Informationsfülle verwechselbar mit einem Präsenzgespräch. Das Bild zeigt aber nur einen (kleinen) Ausschnitt!

Wie sieht nun ein Aufbau aus, der es uns Seelsorgenden ermöglicht, gut und hilfreich zu arbeiten?

Die Grundvoraussetzung für ein Videoangebot ist eine stabile Internetanbindung. Das heißt, die Leitung, die ins Haus führt und dann in die Büros oder zu den Mitarbeitenden weitergeführt wird, sollte eine möglichst hohe Kapazität in der Datenweitergabe bieten. Ohne jetzt zu technisch zu werden, aber der Anschluss für einen Einzelplatz sollte mindestens 6 Mbit/s haben, also eine 6000er-DSL-Leitung darstellen. Da noch eine Menge Datenverkehr im Hintergrund läuft, wenn Sie online sind, sollte es noch Raum nach oben geben und die Datenrate nicht zu knapp bemessen werden. Ein Zugang, der also von zwei (16 Mbit/s), drei (50 Mbit/s) oder mehreren Personen (100 Mbit/s und mehr) genutzt wird, muss die entsprechende Datenrate mindestens aufweisen und entsprechend pro Person erhöht werden. Es ist daher immer am besten, die genauen Anforderungen mit dem Internetanbieter zu besprechen, um sicherzustellen, dass die Bandbreite ausreichend ist.

Gerade im Homeoffice kann es passieren, dass die Bandbreite nicht ausreicht und an ihre Grenzen stößt, wenn zeitgleich auch noch andere Familienmitglieder online sein wollen oder müssen. Kommt das öfter vor und ist es planbar, vereinbaren Sie nach Möglichkeiten Ihre eigenen Videogesprächszeiten, die Sie selbstbewusst im Haus verteidigen: Das Internet gehört heute nur mir!

Auf WLAN-Verbindungen sollte möglichst verzichtet werden, außer man sitzt wirklich direkt neben dem Router, also dem Gerät, das das Internet ins Haus bringt und dort verteilt. Für schriftliche Kommunikation ist das kabellose WLAN geeignet, für Video eher nicht. Zimmertüren, Mauern und Wände und andere baulichen Gegebenheiten beeinträchtigen die Verbindung meistens zu stark und wenn dann noch jemand weiteres ebenfalls den Zugang nutzt oder der Router zu weit entfernt, etwa im Keller oder Serverraum, aufgestellt ist, bricht die Verbindung gerne mal ab, und das Gespräch wird unnötig gestört oder das Bild bleibt stehen und friert ein. Das kann mal passieren, sollte aber nicht zu oft vorkommen und auch nicht im örtlichen Anschluss begründet sein. Eine mangelhafte Anbindung oder das zeitversetzte Teilen von Anschlusskapazitäten wirkt dann eher unprofessionell nach außen und es macht außerdem keinen Spaß, damit zu arbeiten.

Das Kabel gilt, was den Datenschutz angeht, auch als sicherer und verlässlicher gegenüber dem WLAN.

Mit der sich rasant entwickelnden Technik verbessern sich natürlich auch die Sicherheit und Geschwindigkeit, aber bis in den Gemeinden oder Beratungsstellen WiFi6 oder Glasfaserverbindungen liegen, dauert es sicher noch. Viele sind stattdessen immer noch mit veralteter Technik und langsamen Computern unterwegs. Darum sind Investitionen in die Technik unabdingbar. Und der entsprechende Anschluss sollte die erste Investition sein. Erst danach lohnt sich ein entsprechender Computer und weiteres Zubehör.

Viele Laptops oder Notebooks haben heute eine kleine Kamera oben über dem Bildschirm eingebaut, manche verfügen auch über integrierte Mikrofone und Lautsprecher. Für das kurzfristige Videogespräch von unterwegs ist das auch geeignet, für eine dauerhafte Nutzung aber eher nicht. Da sollte in eine externe Kamera, ein externes Mikro und separate Lautsprecher investiert werden.

Wer allein in einem Büro oder Beratungsraum sitzt, kann über Mikro und Lautsprecher gut und verständlich kommunizieren. Wer eher mit Störgeräuschen zu kämpfen hat, eine laute Straße etwa oder Telefonklingeln aus dem Nachbarzimmer, ist vielleicht mit einem Headset besser bedient. Mit dem dort integrierten Mikrofon direkt auf Mundhöhe und den Kopfhörern lässt sich bequem hören und sprechen. Wichtig ist, dass das Mikro nicht zu nah an Mund und Nase ist, damit Atem- und Luftgeräusche nicht mitaufgenommen werden.

Sollte ein externes Mikro zum Einsatz kommen, ist es am besten, dieses an einem Arm so zu positionieren, dass es etwa 30 cm über Ihrem Kopf schwebt. Es sollte sich um ein breites Nieren-Mikro handeln, das einen sauberen und schönen, satten, klaren Klang übermittelt. Sollen externe Lautsprecher verwendet werden, muss darauf geachtet werden, dass sie nicht zu nah am Mikro stehen und so eine Rückkopplung entsteht, indem der Ton der Lautsprecher wiederum vom Mikro aufgenommen und zurückgespielt wird. Testen Sie unbedingt Ihr Setup mit Kollegen oder Bekannten.

Und fragen Sie auch gerne zu Beginn einer Beratungssitzung, ob Sie gut verstanden werden. Kleinere Nachjustierungen in der Software können Sie dann noch in Ruhe vornehmen und so die gemeinsame Arbeit für alle erleichtern.

Die Kamera sollte so positioniert sein, dass Sie während eigener Gesprächsbeiträge in die Linse schauen können, was einige Übung braucht und dann doch nicht immer klappt. Bringen Sie also die Kamera so an, dass Ihr Gegenüber wenigstens den Eindruck hat, angeschaut und gesehen zu werden. Und fragen Sie diesen Eindruck gerne in einem der ersten Gespräche ab. Auf Kamerapositionen, aus denen Sie von oben, unten oder der Seite gefilmt werden, sollten Sie verzichten. Die Kamera sollte Sie direkt von vorne aufnehmen.

Achten Sie auf gutes Licht. Die hochempfindlichen Kameras nehmen es einem übel, wenn man vor einem Fenster sitzt, denn dann erscheint man selbst als dunkle Figur vor hellem, überbelichtetem Hintergrund. Der Raum sollte gut ausgeleuchtet sein. Nutzen Sie dazu möglichst eine Ringleuchte oder ein LED-Feld, die diffuses Licht produzieren. Dann können Sie sicherer sein, auch die entsprechende Farbtemperatur (von kalt bis warm) zu nutzen und ihr Bild wirkt nicht blaustichig oder anders fehlfarbig. Ideal ist ein Winkel von 45° schräg von oben, möglichst direkt über der Kamera, sodass störende Lichtspiegelungen in Ihren Augen oder der Brille ausbleiben.

Es gibt auch Kameras, die mittig auf dem Monitor platziert werden können. Dann entsteht am ehesten der Eindruck, dass Sie in die Kamera schauen. Allerdings kann dies auch Ihren eigenen Bildeindruck schmälern und wie ein Fremdkörper bei der Arbeit stören.

Die eleganteste, aber auch aufwendigste und teuerste Art ist es, einen Teleprompter zu verwenden. Dabei ist die Kamera hinter einem Einwegspiegel aufgebaut. Auf dem Spiegel wird das Bild des darunter liegenden Bildschirms projiziert. Als Seelsorgende schauen wir also in die Kamera und gleichzeitig sehen wir das Bild der ratsuchenden Person auf dem Spiegel. Für diese Person sieht es dann so aus, als ob wir direkt in die Kamera sprechen und ihr ins Gesicht sehen, sie also direkt anschauen.

Wenn Sie sich für ein Kamerasystem entschieden haben und dieses angeschlossen ist, machen Sie einen Bildtest. Wie ist die Beleuchtung? Stellt die Kamera scharf? Wie ist der Bildausschnitt, sind Sie damit zufrieden und kann man auch mehr als nur Ihren Kopf sehen? Schaffen es Ihre Hände ins Bild (Gesten!)?

Es ist gut, wenn der Ausschnitt so gewählt wurde, dass über Ihnen noch gut 20 bis 30 cm Luft ist, der obere Bildschirmrand also nicht direkt über Ihrem Kopf beginnt. Nach unten hin sollten Sie den Ausschnitt so wählen, dass der untere Bildschirmrand auf Höhe der Rippenbögen liegt. So haben auch Ihre Hände noch die Chance, ins

Bild zu kommen, was Sie auch immer wieder durch aktive Gesten tun sollten. Der Bildausschnitt sollte also nicht zu klein gewählt werden, weil es sonst gedrungen wirkt. Gleichzeitig sollte er nicht zu groß gewählt werden, da sonst Ihre Mimik nicht mehr gut erkennbar ist. Spielen Sie also etwas mit der Bildgröße, eventuell können Sie das über eine Zoomfunktion an der Kamera selbst tun oder Sie suchen sich körperlich Ihren perfekten Abstand zur Kamera, indem Sie sich mal dichter, mal entfernter von ihr positionieren.

Ob Sie sitzen oder besser stehen, sollten Sie auch testen. Was fühlt sich für Sie passend und stimmig an? Die Atmung ist im Stehen häufig etwas entspannter, der Bauch nicht so zusammengedrückt, der Brustkorb frei. Auch sind Sie im Stehen agiler und können flexibler Positionen im Bild wechseln oder auch einfach mal nur das Gewicht von einem Bein auf das andere wechseln. Das beugt auch Ermüdungserscheinungen vor. Ich selbst finde auch eine kleine Fußbank hilfreich, auf der ich ein Bein leicht erhöht abstellen kann. Das entlastet den Rücken und lässt auch längere Meetings durchhalten. Ich habe auch schon erlebt, dass Menschen in Videogesprächen ihren persönlichen Sport absolvieren, also auf Steppern oder Laufbändern unterwegs sind und Kilometer machen. Was bei einer internen Konferenz vielleicht noch ganz lustig sein kann, vor allem wenn es abgesprochen wurde, sollte in einem Seelsorgegespräch unterbleiben, außer, es wird gezielt als Intervention genutzt. Oder wie würden Sie sich fühlen, wenn Sie ihr Gegenüber gefühlt tausend Stufen steigen sehen und mehr und mehr ins Schwitzen gerät?

Und was sieht man eigentlich auf Ihrer Seite? Haben Sie Ihren Hintergrund im Blick?

Wie auch in Präsenz, so spricht auch unser digitaler Raum über und von uns. Wenn hinter uns an der Wand Familienfotos hängen und die von der Kamera gut sichtbar übertragen werden, kann das eine besondere menschliche, familiäre Note von Ihnen zeigen, aber auch genauso gut als Ihr persönlicher Standard missverstanden werden. Genauso ist es mit Urkunden, Zertifikaten und Fachliteratur. Es kann Ihre Expertise und Ihr Engagement zeigen, aber auch einschüchtern oder als Angabe verstanden werden. Es also alles erlaubt, aber wir sollten darüber reflektieren, was gut und hilfreich für unsere Arbeit und für unsere Klientinnen und Klienten ist.

Personen auf den privaten Fotos sollten natürlich vorher um Erlaubnis gefragt werden (Kinderschutz!), bevor man sie in der Welt herumzeigt und sie eventuell sogar durch Screenshots in den sozialen Medien verbreitet werden.

Sorgen Sie am besten für einen ruhigen, einfarbigen Hintergrund. Das kann auch eine Whiteboard-Tafel oder ein Flipchart sein, die zwischendurch sogar als Tool in der Seelsorge ihre Verwendung finden kann.

Gibt es Vorgaben für den Hintergrund, etwa Grafiken oder mit Logo versehene PowerPoint-Folien, dann sollten diese natürlich zum Einsatz kommen. Doch auch hier darf vorher genauer reflektiert werden, ob die vielleicht dadurch versprochene Professionalisierung tatsächlich ihre Wirkung entfaltet oder eher eine nicht beabsichtigte Distanz oder Ablenkung erzeugt wird.

Zoom und andere Anbieter von entsprechender Videogesprächs-Software bieten die Möglichkeit, den Hintergrund zu »verwischen«: Alles um Ihren eigenen Körper herum wird also unscharf gestellt. Verfügt man selbst über einen eher rechenstarken Computer und ein neues Betriebssystem, funktioniert das auch mittlerweile recht gut. Bei der genaueren Abgrenzung von Headsets oder auch manchen Frisuren ist es mitunter schwierig. Um das Ergebnis noch zu verfeinern und unschönes Eintauchen mit Gesichtshälften oder Händen in die Unschärfe oder auch andere Hintergründe zu vermeiden, kann ein Greenscreen eingesetzt werden. Dabei wird ein grünes Tuch hinter dem Sprecher aufgehängt. Dies kann auch eine grüne, aufgestellte Leinwand sein. Mittlerweile gibt es entsprechendes Material in allen Formen und Größen günstig zu kaufen. Ein Greenscreen ist sonst eher aus der Filmbranche bekannt. Der Greenscreen wird vom Videosystem erkannt und hilft der Kamera und dem Computer, eine klarere Trennung zwischen Vorder- und Hintergrund herzustellen.

Kann aber der Computer das nicht (ziemlich) perfekt umsetzen, sollte darauf verzichtet werden, genauso wie auch auf Hintergrundbilder, die Szenen aus dem letzten Urlaub abbilden oder zum Setting nicht passen, wie Palmen, (sich bewegende) Nordlichter, Strandszenen oder Berglandschaften.

Wie gesagt, in einer Konferenz mag das alles noch irgendwie anfänglich witzig wirken, aus einem Zugabteil heraus an dem Treffen teilzunehmen, für die Seelsorge ist das sicher nicht geeignet, außer es passt punktuell oder thematisch und wird konkret zum Fortschritt des Falles eingebracht. Zum Beispiel mit einer Frage: »Wie Sie sehen, habe ich mir als Hintergrundbild heute ein Zugabteil ausgewählt, wohin würden Sie gerne einmal reisen? Was wäre ein passendes Bild nach Ihrem Geschmack?«

Über private Fotos im Hintergrund habe ich bereits geschrieben. Ähnliches gilt natürlich auch für private Gegenstände. Ihr Bett, der Kleiderschrank oder das Bad, all das gehört nicht mit ins Bild. Und achten Sie auch darauf, dass keine geöffneten Türen zu sehen sind, selbst wenn sie allein im Haus sind. Geöffnete Türen irritieren und sorgen dafür, dass man sich nicht so öffnet, wie man eigentlich gerne möchte. Denn es könnte schließlich immer jemand im Nachbarraum sein oder im Türrahmen stehen und zuhören. Und wenn es denn wirklich nicht anders geht und die Tür unbedingt aufstehen muss und zu sehen ist, dann erklären Sie es genau und besprechen den Sachverhalt.

Priorität hat immer die eigene Sicherheit und die der ratsuchenden Menschen bzw. das »Sich-sicher-Fühlen«. Was dem entgegensteht oder es einschränken könnte, sollte unterbleiben oder erst nach sehr sorgfältiger Abwägung angewendet werden. Die Menschen, die uns aufsuchen, wollen und sollen uns und unserem Angebot in der Seelsorge vertrauen. Machen wir es ihnen (und auch uns) so leicht wie möglich.

Bild oder Ton

Zum einem Videogespräch gehören Bild und Ton in möglichst guter Qualität. Wenn aber die Kamera mitten im Gespräch ausfällt oder die Internetverbindung schwach wird und das Bild immer wieder einfriert, gilt immer noch Ton vor Bild. In diesem Fall sollte auf die Kamera verzichtet werden, damit mehr Bandbreite für einen stabilen Ton zur Verfügung steht und das Gespräch fortgesetzt werden kann. Erinnern Sie sich an die Zeiten, als es nur das Telefon gab. Es ist der Ton, der die Nähe schafft, zur Not auch ohne Bild. Achten Sie auf beides, aber besonders auf guten Ton, sowohl für sich selbst auch für alle anderen am Gespräch beteiligten Personen. Achten Sie außerdem darauf, dass Sie nicht zu laut sind. Ist Ihr Mikrofon dauerhaft zu laut eingestellt, kann Ihr Gegenüber den Eindruck bekommen, dass

Sie schreien oder besonders eindringlich und überzeugend sein wollen. Natürlich könnte Ihr Gegenüber auch den eigenen Lautsprecher leiser stellen, aber hier ist der Service auf unserer Seite. Fragen Sie also, ob Sie gut zu verstehen sind oder ob es zu laut oder zu leise ist: »Bin ich zu laut oder zu leise? Können Sie mich gut verstehen?«

Störungen im Videogespräch

Man kann es nicht immer verhindern, manchmal kommen Haustiere, Kinder, die Sekretärin oder der Paketbote genau dann, wenn man es gar nicht gebrauchen kann, zum Beispiel während einer Seelsorgesitzung im Videogespräch. Lustige, teils legendäre Beispiele dafür finden sich auf YouTube.

Der Paketbote hat noch den Vorteil, dass er draußen bleibt und nicht ins Haus kommt, sein Klingeln kann schnell erklärt werden und man entschuldigt sich für die wenigen Minuten, die die Annahme eben dauert. Hereinplatzende Kinder oder andere Familienangehörige sind als Störung schon schwieriger zu handhaben, denn im Kopf der ratsuchenden Person werden sofort viele Fragen erscheinen: Wie lange sind sie schon im Raum oder in dessen Nähe? Wie viel haben sie vom Gespräch mitgehört? Was ist, wenn sie mich kennen oder draußen wieder erkennen? Warum hat die Seelsorgerin oder der Seelsorger nicht besser aufgepasst?

In der Tat sind dies alles berechtigte Fragen, die im Gespräch erst einmal geklärt und aufgearbeitet werden dürfen. Damit solche Störungen nicht entstehen, können einige Sicherheitsmaßnahmen vorbereitend getroffen werden:
- Klingel abstellen, eventuell Notiz an die Haustür für den Paketboten;
- Hinweis an die Familie, in der Zeit von/bis nicht zu stören (außer in Notfällen auf Leben und Tod), vielleicht auch ein Schild an die Bürotür zur Erinnerung, Tür eventuell abschließen;
- Telefon abstellen;
- alles schließen, was sonst im Hintergrund des Computers läuft: E-Mails, Chats, soziale Medien, …
- Sprechen Sie Nebengeräusche an, wie Baustellenlärm, erhöhtes Verkehrsaufkommen oder Ähnliches.

Weitere Störungen können durch Instabilitäten im Internet auftreten: Verbindungsabbrüche, ruckelnde oder einfrierende Bilder, rauschender/knackender/abgehackter Ton, »herausfliegende« Teilnehmerinnen und Teilnehmer inklusive einem selbst.

Sollte der Ton nur kurz fehlen, kann man natürlich einfach bitten, das Gesagte noch einmal zu wiederholen. Friert das Bild ein, kann das kurz benannt, das Gespräch selbst aber sofort weitergeführt werden. Es kommt darauf an, wie erfahren die Ratsuchenden mit dem Medium sind und auch welchen persönlichen Stellenwert das Thema hat. Darum ist es gut, auf mögliche technische Störungen im ersten Gespräch hinzuweisen und auch zu vereinbaren, wie damit umgegangen werden soll. Damit wird aufseiten der Ratsuchenden die Angst genommen, die Störung hätte etwas mit ihnen oder ihrem Thema zu tun. So habe ich es schon erlebt, dass Klienten mir rückmeldeten, sie hätten »schon gedacht, dass Ihnen das Thema zu schwer wird« oder »Sie wollten mich hier wohl auch nicht haben wollen, niemand will mich ja haben«. Solche Eindrücke oder Schlussfolgerungen, auch wenn sie noch so weit hergeholt erscheinen, sollen natürlich nicht aufkommen und können nur durch entsprechende Vorbesprechungen zu Beginn ausgeräumt werden, quasi präventiv.

Für den Fall, dass das Gespräch, der digitale Raum, zusammenbricht und auch nicht wieder erreichbar sein sollte oder die Verbindung dauerhaft gestört ist, ist es hilfreich, ein sogenanntes »Fallback« zu vereinbaren: »Wie kann ich Sie erreichen, wenn hier nichts mehr richtig funktioniert?« Vereinbaren Sie also eine Telefonnummer, eine E-Mail-Adresse, einen digitalen Ersatzraum oder einen Ersatzraum auf einem anderen System als Hilfe und Ausweichszenario für den Notfall.

Sollten Sie tatsächlich das Medium oder den Anbieter wechseln müssen, also auf eine andere Videogespräch-Plattform oder aus dem Videogespräch hin zum Telefon oder Chat, begleiten Sie diesen Weg gut mit entsprechenden Fragen:

Wie ist das für Sie, dass wir jetzt auf diesem Kanal sind?
Kennen Sie sich hier aus? Haben Sie schon mal gechattet?
Worauf sollten wir jetzt achten, damit es trotzdem (noch oder weiterhin) ein gutes Gespräch wird?

E-Mail kommt aufgrund der Asynchronität sicher nicht als spontane Alternative in Betracht.

Für das Gespräch müssen solche Störungen übrigens gar nicht unbedingt negativ sein. Machen Sie aus der Not eine Tugend! Nutzen Sie die Gelegenheit, Ihrem Gegenüber Fragen zu stellen, die weiterführen: »Wie gehen Sie sonst mit Störungen in Ihrem Leben um? Was tun Sie, um Störungen schon im Vorfeld möglichst zu beseitigen? Auf einer Skala von 1–10, wie groß ist Ihre Geduld? Lieben Sie Überraschungen?«

In den meisten Fällen werden wir Seelsorgerinnen und Seelsorger wahrscheinlich entweder im Büro oder im Homeoffice vor einem Computer oder Laptop sitzen und von dort in relativer Ruhe und Abgeschiedenheit ein Gespräch durchführen können. Die ratsuchenden Personen jedoch haben diese räumlichen Möglichkeiten an ihren Orten oft nicht. Auch fehlen vielen die technischen Geräte. Sie nehmen an Videogesprächen mit ihrem Smartphone oder Tablet teil, tragen dabei durch Bluetooth oder Kabel verbundene Kopfhörer mit integrierten Mikrofonen und befinden sich in ihrer Wohnung irgendwo zwischen Wohn- oder Schlafzimmer und Küche. Wenn eine Familie im Haus oder der Wohnung ist, kann es manchmal schwierig werden, einen wirklich abgeschirmten Raum nur für sich zu haben, um in Ruhe zu sprechen. Mit Störungen aufseiten der ratsuchenden Personen ist also in der Regel von vornherein zu rechnen und sie sind entsprechend in den Ablauf einzupreisen. Unsere Kompetenz zeigt sich dann auch daran, wie wir mit diesen Herausforderungen im Gespräch umgehen und wie wir sie in den Beratungsprozess einbauen und dafür fruchtbar machen, indem wir die Ressourcen entdecken und heben. Manchmal sind Ratsuchende auch unterwegs, im Bus, auf einem Spaziergang oder sogar während einer Autofahrt. Diese Mobilität ist nicht notwendig Ausdruck dafür, dass das Gespräch nicht wertgeschätzt oder die seelsorgende Person nicht respektiert wird. Wir bekommen hier eher einen Einblick in den Alltag mit seinen Zwängen und Notwendigkeiten und die Art, wie die Person damit umgeht oder eben auch nicht. Dennoch: Ein sinnvolles Seelsorgegespräch kann nicht nebenbei geführt werden und eine Ablenkung vom Straßenverkehr ist gefährlich, vom Datenschutz im Bus mal ganz zu schweigen. Es darf darum auch konzeptionell festgelegt werden, wie mit solchen Szenarien umgegangen werden sollte, wann und wie es Ausnahmen gibt und welche Bedingungen eingehalten werden müssen.

Verhalten vor der Kamera

Vergessen Sie nicht: Die Kamera ist Ihr Freund! Und sie ist Ihre (technische) Verbindung zum Gegenüber. Sie sollen nicht schauspielern, aber seien Sie sich auch Ihres Körpers bewusst und setzen Sie ihn ein. Die Kamera nimmt ja nur einen relativ kleinen Ausschnitt Ihrer Person auf. Seien Sie also klar in Ihrer Mimik und nehmen Sie Ihre Hände dazu. Es wirkt einfach besser, wenn wir in den Videogesprächen nicht nur sprechende Köpfe, sondern mehr vom Körper sehen. Zeigen Sie Ihre Hände und setzen Sie diese durch passende Gesten sinnvoll ein. Sie werden merken, wie Sie das auch selbst befreit und Ihre eigenen Handlungsspielräume erweitert und das Sprechen unterstützt.

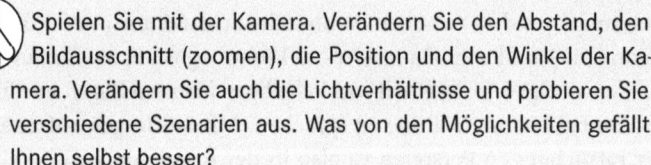

Spielen Sie mit der Kamera. Verändern Sie den Abstand, den Bildausschnitt (zoomen), die Position und den Winkel der Kamera. Verändern Sie auch die Lichtverhältnisse und probieren Sie verschiedene Szenarien aus. Was von den Möglichkeiten gefällt Ihnen selbst besser?

Nutzen Sie die Möglichkeiten und spielen Sie mit der Kamera: Was verändert sich, wenn Sie näher heranrücken? Was verändert sich bei größerer Distanz? Wie wirkt dies jeweils auf Sie selbst, aber auch auf Ihren Gesprächspartner? Wie fühlt es sich also jeweils an? Bei welchem Abstand sind Sie noch gut zu erkennen (Gestik, Mimik)? Welcher Abstand ist Ihnen selbst am liebsten? Und wie ist es, wenn Sie aufstehen und/oder sich bewegen? Kommt dann auch (mehr) Bewegung ins Gespräch oder fühlen Sie oder Ihr Gegenüber sich eher blockiert? Was sagt das jeweils aus und was können Sie davon für das Gespräch mitnehmen und nutzen? Haben Sie Vertrauen in diese Technik. Die Kamera sorgt dafür, dass das, was Sie auf Ihrer Seite tun und sagen, auch drüben ankommt. Und die Kamera macht ihre Arbeit gut, fühlen Sie sich also frei und souverän. Und tun Sie das, was

Sie brauchen, damit Sie sich wohlfühlen. Und unterstützen Sie das gerne mit entsprechender Kleidung, Accessoires und/oder Make-up.

Zu diesem Vertrauen gehört für mich, sich auf praktische Übungen und Interventionen einzulassen. Üben Sie also zuerst mit sich selbst und dann auch mit Ihren Ratsuchenden Anleitungen zu Embodiment, zu Achtsamkeit, Atemübungen, Aufstellungen, Segen und Gebet.

Ist Ihr Gesprächspartner für religiöse Impulse offen oder hat selbst danach gefragt, können Sie über die Bildschirm-Teilen-Funktion ein Gebet einblenden und gemeinsam beten. Sie können aber auch das Whiteboard öffnen und gemeinsam einen Gebetstext entwerfen, zum Beispiel indem Sie wie im Brainstorming Anliegen sammeln und diese dann nacheinander in Gebetsworte einbetten. Soll diese Sammlung fortlaufend ergänzt werden oder nach der Sitzung für die Person zugänglich bleiben, lohnt es sich, ein externes digitales Papier, ein Pad, zu verwenden (siehe Kapitel »Apps, Tools und Ressourcen«): Einbinden anderer Seiten und Whiteboards (achten Sie auf Datenschutz bzw. auf Pseudonymisierung).

Soweit es zeitlich möglich ist: interne, persönliche Vorbereitung auf die Sitzung. Tief durchatmen, vielleicht ein Gebet sprechen, die persönliche Aufmerksamkeit auf das kommende Gespräch legen und alles innerlich Störende, wie Stress, Ablenkungen oder aufwühlende Emotionen, versuchen abzulegen. Ziel ist, sich für das, was kommt, bereit zu machen, sich zu öffnen und die Konzentration zu fokussieren. Das ist nicht nur ein Dienst am Nächsten oder zur Steigerung der eigenen Professionalität, sondern auch ein Akt der Selbstfürsorge und Achtsamkeit.

Wenn Sie sich durch den kleinen Bildausschnitt, die Kachel, dann doch eingeengt fühlen oder dies bei Ihrem Gegenüber wahrnehmen, machen Sie es zum Thema und bitten Sie darum, den Ausschnitt zu vergrößern. Das geht, wie gesagt, durch ein Ausprobieren von Nähe und Distanz zur Kamera. Das klappt aber auch gut, indem Sie es als Fragen oder Aufträge ins Gespräch einbinden.

Bitte beschreiben Sie mir Ihre Umgebung.
Wenn ich Sie nicht nur über die Kachel, sondern in Präsenz wahrnehmen würde, was würde ich sehen oder erkennen?

Wenn Sie nach links oder rechts schauen, was sehen Sie?
Stellen Sie sich vor, die Kachel ist wie ein Zoom einer Kamera und hat Sie gerade voll im Bild, ist also ganz herangezoomt. Langsam wird nun der Zoomausschnitt immer größer, was kommt nach und nach ins Bild? Wie kann uns das in der Bearbeitung Ihres Themas unterstützen? Was an Ihrer momentanen Umgebung ist Ihnen besonders wichtig? Oder überhaupt nicht wichtig?

Es versteht sich von selbst, dass diese Fragen dem Fortgang des Gesprächs dienen sollen und nicht die voyeuristische Neugier befriedigen sollen. Doch manchmal hilft das auch dem Thema, wenn die Perspektive verändert wird und mehr oder anderes in den Blick kommt.

Während eines Videogesprächs mache ich mir gern Notizen, schaue manchmal aus dem Fenster oder suche vielleicht sogar schnell eine Info mit einer Suchmaschine. Damit der Gesprächspartner nicht das Gefühl bekommt, ich wäre abgelenkt oder würde nicht gut zuhören, erkläre ich, was ich jeweils tue, auch Nebensächlichkeiten. Und auch hier versuche ich, aus der Not eine Tugend zu machen, natürlich nur sofern es zum Thema und Gespräch passt: »Entschuldigung, ein Spaziergänger draußen hat mich abgelenkt, gehen Sie auch gerne spazieren?« Es ist ohnehin gut zu beschreiben, was Sie während des Gesprächs tun. »Damit Sie nicht irritiert sind und das Gefühl haben, ich bin nicht konzentriert: Ich schaue immer wieder hier nach rechts unten, weil ich da meinen Schreibblock liegen habe und mir Notizen zu unserem Gespräch aufschreibe.« Hier hilft also eine gewisse Selbstaufmerksamkeit zu entwickeln, um eigene Gewohnheiten und Vorlieben zu erkennen und benennen zu können. All das schafft Vertrauen und Transparenz im Gespräch und in der Beziehung zur ratsuchenden Person.

Und auch, wenn Sie Denkpausen brauchen. Manchmal ist es schwer zu verkraften, was einem in einem Videogespräch erzählt und berichtet wird. Da schadet es nicht, einen Satz zu sagen wie: »Sie haben mir gerade viele wirklich schwere Erlebnisse geschildert, ich brauche kurz eine kleine Pause, um Luft zu holen. Würde Ihnen das auch guttun?«

Kleine Pausen und eine langsamere Sprechgeschwindigkeit als normal sind ohnehin eine gute Idee im Videogespräch, denn sie ermöglichen Ihrem Gegenüber einzuhaken und den Gesprächsfaden zu übernehmen. Während eines Präsenzgesprächs bemerken wir schneller und leichter, wenn unser Gegenüber etwas sagen möchte. Im Videogespräch braucht es von uns Seelsorgerinnen und Seelsorgern dafür mehr Aufmerksamkeit, weil diese kleinen Einatmer und zaghaften Gesprächseinsätze nicht so schnell auffallen. Bauen wir aber Pausen in unsere Sätze ein, können unsere Gesprächspartner ihre Chancen wahrnehmen. Dass Monologe aufseiten der Seelsorgerinnen und Seelsorger nicht vorkommen sollten, dürfte klar sein. Achten Sie darauf, dass Sie nicht in einen Vortragsstil geraten. Formulieren Sie lieber die nächste hilfreiche Frage.

Und wenn dann alles vorbereitet, durchdacht und konzeptionell reflektiert worden ist, sind Sie bereit für Ihre erste Sitzung im Videogespräch. Wenn Sie einen Link zum Gesprächsraum versenden, erklären Sie in der E-Mail auch, auf welchem System Sie sich treffen werden und wie die Anmeldung dazu abläuft und funktioniert. Einige kurze Hinweise zum Datenschutz und zur Vertraulichkeit sind ebenfalls hilfreich und steigern das Vertrauen in die verwendete Technik und damit ins Gespräch an sich.

Seien Sie selbst pünktlich im Raum. Es ist besser, wenn Sie auf Ihren Gesprächspartner warten, als andersherum. Schalten Sie darum auch Ihre Kamera an und signalisieren Sie durch Ihre Aufmerksamkeit und Körperhaltung, dass Sie sich auf die Person am anderen Ende der Leitung freuen. Sobald die Person dann im Raum ist und die Verbindung steht, begrüßen Sie sie freundlich und beginnen Sie das Joining. Folgende Fragen bieten sich in Auswahl dafür an:

Herzlich willkommen Frau Meyer! Schön, dass Sie da sind und wir nun miteinander sprechen können. Wie Sie in meiner Kachel lesen können, mein Name ist Sepp Seelsorger und ich bin jetzt gerne für Sie da. Hat die Anmeldung gut geklappt? Oder gab es Probleme? Mit welchem Gerät sind Sie jetzt hier – Smartphone, PC? Darf ich fragen, wo Sie sich jetzt befinden? Können Sie mich gut sehen und verstehen? Haben Sie schon mal ein Videogespräch geführt? Wie ist das für Sie gerade? Was brauchen Sie, damit es für Sie eine gute Stunde wird? Bevor wir so richtig starten: Haben Sie noch Fragen? Was möchten Sie noch wissen?

Häufig wird von ratsuchenden Personen danach gefragt, ob das Gespräch wirklich sicher und vertraulich ist. Also niemand sonst reinschauen oder teilnehmen kann. Erklären Sie also, wo Sie sich als Seelsorgerin oder Seelsorger befinden. Ein Kameraschwenk durch das Büro ist möglich und kann einladen zu einem Schwenk durch die andere Wohnung bzw. das andere Umfeld.

Auch Seelsorgende können die Frage stellen, ob das Gespräch jetzt vertraulich geführt werden kann und sich somit nach möglichen anderen Personen im Raum oder in der Wohnung erkundigen. Eventuell lassen sich so denkbare Störungen und der Umgang damit präventiv klären.

Eine Frage aufseiten der Seelsorge könnte auch sein, ob das System bekannt ist oder noch erklärt werden sollte. Inwieweit eine Erläuterung der Funktionen nötig ist, hängt natürlich auch vom Gebrauch ab und kann auch dann erfolgen, wenn weitere Features (wie Whiteboard oder Chat) genutzt werden sollen.

Die Frage nach dem Gerät, ob Smartphone oder Computer, gibt noch einmal weitere Kontextinformationen und erklärt vielleicht auch, warum das Bild der ratsuchenden Person manchmal wackelt, der Ton manchmal dumpfer klingt oder andere Störungen auftreten.

Ist das Joining erfolgreich abgeschlossen, geht es wie gewohnt weiter mit der Auftrags- bzw. Themenklärung und der anschließenden Bearbeitung des Anliegens. Wie auch in der Chatseelsorge lohnt es sich, etwa zehn Minuten vor Ende der Sitzung dieses anzukündigen. Die letzten zehn Minuten sind ein guter Zeitraum, um das bisherige Gespräch zusammenzufassen, Raum für Fragen zu geben, nachzusteuern und Take-aways zu notieren: »Was nehmen Sie aus unserem Gespräch heute mit? Inwieweit hat unser Gespräch Ihnen geholfen? Was hat sich verändert? Was brauchen Sie noch?«

Mit einem Dank für das entgegengebrachte Vertrauen und der Frage nach einem neuen Terminwunsch endet das Gespräch. Warten Sie als Seelsorgerin oder Seelsorger, bis Sie allein im Videoraum sind, bevor Sie sich selbst ausloggen.

Selbstfürsorge am Arbeitsplatz

Zur Selbstfürsorge gehört ein Arbeitsplatz, der so aufgebaut und eingerichtet werden kann, dass die Konzentration und Leistungsfähigkeit über den Arbeitstag hinweg gefördert und unterstützt werden. Ein ergonomischer Arbeitsplatz mit einem höhenverstellbaren Schreibtisch, einem dazu passenden und auf die Körpermaße eingestellten Bürostuhl und einer Stehhilfe, ein ausreichend großer Monitor (mindestens 24 Zoll), eine taghelle Beleuchtung, gute Belüftung und Platz zur Bewegung sollten selbstverständlich sein.

Mit anderen Worten: Wenn Sie oft und lange digital unterwegs sind, achten Sie auf ein gutes, wohltuendes Arbeitsumfeld. Ob Sie nun eine Jogginghose tragen oder in Jeans oder Anzug am Videogespräch teilnehmen, ist Ihnen überlassen. Einen Gedanken darauf zu verwenden, was wann passt, ist es auf jeden Fall wert. Und dann schauen Sie sich bitte diese Liste an und überlegen Sie, was Sie davon in Ihren Arbeitsalltag umsetzen und einbauen können:

Schaffen Sie eine *klare Trennung zwischen Arbeits- und Privatleben:* Versuchen Sie, eine klare Trennung zwischen Arbeits- und Privatleben zu schaffen, indem Sie Grenzen setzen und sich Zeit für persönliche Aktivitäten nehmen. Gerade im Homeoffice, wo sich der Arbeits- und der Privatraum häufig kaum noch sichtbar auseinanderhalten lassen und die Versuchung hoch ist, sich eigentlich ständig irgendwie mit der Arbeit zu beschäftigen, sind gesundes Maß und entsprechende Abgrenzungen wichtig für eine gesunde Lebensweise und eine bleibende Zufriedenheit. Das, was wir anderen raten würden, dürfen wir uns auch selbst sagen und es befolgen. Zwar entfällt im Homeoffice der Arbeitsweg, doch Online-Arbeit ist auch oft intensiveres und verdichtetes Arbeiten.

Üben Sie regelmäßige Pausen: Es ist wichtig, regelmäßige Pausen einzulegen und Energie (Nahrung, Getränke) aufzutanken. Versuchen Sie, während der Pausen vom Bildschirm wegzugehen und etwas Entspannendes zu tun und den Blick in die Ferne schweifen zu lassen.

Praktizieren Sie Achtsamkeit: Achtsamkeit kann dazu beitragen, Stress abzubauen und den Geist zu beruhigen. Versuchen Sie, während des Tages regelmäßig Achtsamkeitsübungen zu machen, wie zum Beispiel tiefes Atmen oder kurze Meditationen.

Bewegung und Aktivität: Bewegung und körperliche Aktivität sorgen für körperliche Entspannung und lüften den Kopf. Das baut Stress ab. Versuchen Sie, während des Tages einige kurze Aktivitäten wie Spaziergänge oder leichte Dehnübungen zu integrieren.

Pflegen Sie soziale Kontakte: Digitale Seelsorgerinnen und Seelsorger arbeiten oft allein, daher ist es wichtig, soziale Kontakte nicht nur privat, sondern auch dienstlich regelmäßig zu pflegen. Wenn Sie sich aufgrund geografischer Distanzen nicht in Präsenz treffen können, nutzen Sie Videogespräche oder auch Chatsysteme, mit denen Sie sich synchron austauschen können.

Achten Sie auf sich! Im Kapitel »Apps, Tools und Ressourcen« finden Sie auch digitale Anwendungen für die Selbstfürsorge.

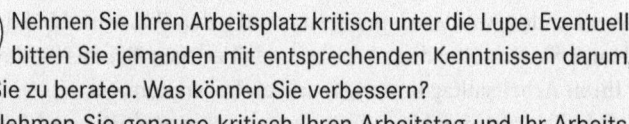

Nehmen Sie Ihren Arbeitsplatz kritisch unter die Lupe. Eventuell bitten Sie jemanden mit entsprechenden Kenntnissen darum, Sie zu beraten. Was können Sie verbessern?
Nehmen Sie genauso kritisch Ihren Arbeitstag und Ihr Arbeitsverhalten unter die Lupe. Was können Sie im Sinne der Selbstfürsorge verbessern?

Zoom-Fatigue

Das Wort »Zoom-Fatigue« wurde erstmals im April 2020 verwendet und beschreibt das Gefühl der Erschöpfung und Überlastung, das viele Menschen während langer Videokonferenzen oder virtueller Meetings empfinden. Auch vor Corona kannte man schon dieses Phänomen der »Meeting-Müdigkeit« oder »Videokonferenz-Erschöpfung«. Doch die massiven Verschiebungen zur virtuellen Zusammenarbeit während der Pandemie haben das Bewusstsein für dieses Phänomen stark erhöht und das Wort »Zoom-Fatigue« ist zu einem weit verbreiteten Begriff geworden. Wobei »Zoom« natürlich den prominentesten Anbieter entsprechender Konferenzlösungen meint und das aus dem Französischen stammende Wort »Fatigue« für die Ermattung oder Müdigkeit steht, die viele Menschen während langer und häufiger Videokonferenzen irgendwann empfinden und die sich auch in Konzentrationsschwäche, Ungeduld, genervt sein oder Kopfschmerzen zeigen kann.

Für manche ist es tatsächlich so intensiv, dass sie schon gar keine Freude mehr an Videomeetings haben und gerne Alternativen nutzen oder zumindest die Online-Zeit reduzieren wollen. Wissenschaftliche Untersuchungen beschäftigen sich schon seit einiger Zeit mit diesem Phänomen und kommen mehr und mehr den Gründen auf die Spur. Eine aktuelle israelische Studie (vgl. Schwartz u. a. 2022) fokussierte dabei auf die menschliche Fähigkeit, sich in einem Präsenzgespräch aufeinander einschwingen zu können. Das gelingt in der Regel, da sich bestimmte Hirnareale beider Personen miteinander synchronisieren und eine ähnliche Aktivität anzeigen, die sich wiederum in miteinander ähnlichen Gesten und Gesichtsausdrücken offenbart. In einem Videogespräch, so die Forscher in ihrer Studie mit leider nur 62 Teilnehmerinnen und Teilnehmern, sei aber das Blickfeld eingeschränkter und die Körpersprache kaum oder schwerer lesbar. Wir sehen eben meistens nicht die komplette Person, sondern nur einen Ausschnitt. Das erschwere die Synchronisation in den Gehirnen und sei möglicherweise ein Grund für die »Zoom-Fatigue«. In Kombination mit einer geringen Ton- oder Bildqualität, einer Latenz in der Datenübertragung und der eingeschalteten Selbstansicht werden Videogespräche als eher anstrengend und ermüdend erlebt.

Auch wenn die Studie in ihrem Umfang relativ klein ausfiel und ihre Aussagekraft darum eingeschränkt ist, gibt sie für die digitale Seelsorge hilfreiche Impulse. Gerade zu Beginn eines Kontakts, im ersten Kennenlernen und Joining, ist es wichtig, sich gut aufeinander einzustellen. Vergrößern Sie dazu gerne auch mal den Bildausschnitt. Zeigen Sie mehr von sich als nur das Gesicht. Wie oben schon beschrieben, spielen Sie mit der Kamera, testen Sie Nähe und Distanz und fragen Sie ab, was bei Ihrem Gegenüber ankommt. Gibt es Vorlieben für eine Kameraeinstellung? Wann ist das Gefühl, miteinander in gutem Kontakt zu sein, größer? Eine solche Skalierungsfrage könnte dann auch jede weitere Sitzung einläuten: Wie gut sind Sie mit sich selbst in Kontakt im Moment? Und wie gut sind Sie mit mir hier in Kontakt? Was können wir tun, um die Kontaktfläche zu vergrößern oder zu verbessern?

Weiter ist auf Pausen zu achten und das Bedürfnis danach immer mal wieder abzufragen. Diese Pausen sollten dann auch genutzt werden, um zu lüften, zu trinken oder sich einen Snack zu holen. Auch die Dauer des Termins sollte miteinander abgesprochen werden, zumindest soweit es der eigene Terminkalender erlaubt. Wie viele Minuten darf die Sitzung dauern? War es letztes Mal zu lange, zu kurz oder gerade richtig? Wollen wir eine längere Sitzung in zwei kürzere aufteilen?

Eine abwechslungsreiche, kreative Gestaltung der gemeinsamen Zeit mit Methodenwechsel hilft ebenfalls, damit es nicht zur Erschöpfung und mangelnder Konzentration kommt. Stehen Sie zwischendurch auf, machen Sie eine Atemübung oder Bewegungspausen am offenen Fenster. Binden Sie gerne weitere Webseiten oder kurze Filme oder andere Tools mit ein. Sollten Sie eine Gruppe vor sich haben, sorgen Sie für eine gute Moderation. Halten Sie also möglichst die Gruppe nicht allein, sondern mindestens zu zweit. Raten Sie zum Ausschalten der Selbstansicht und reflektieren Sie den Unterschied in der persönlichen Wahrnehmung des Meetings. Achten Sie vor allem für sich selbst auf einen gesund gestalteten Arbeitsplatz mit guter Beleuchtung und ergonomischem Stuhl und Schreibtisch.

> Wie geht es Ihnen selbst in Videogesprächen? Wann bemerken Sie erste Ermüdungserscheinungen? Und wie sind Sie bisher damit umgegangen? Was können Sie verbessern? Was hat Ihnen geholfen, wieder neue Kraft zu tanken?

Nachbereitung eines Videogesprächs

Wie im Kapitel »E-Mail« beschrieben, ist die Nachbereitung einer Sitzung oder eines ganzen Prozesses ein wichtiger Teil der Selbstfürsorge und Selbstreflexion. Das ist auch in der Videoberatung nicht anders.

Einschätzung der Anfrage
- War die Anfrage für mich eher »schwierig« oder »leicht«?
- Wie gut habe ich die Anfrage verstanden?

- Welche Emotionen habe ich bei mir wahrgenommen?
- Wie bin ich mit diesen umgegangen?
- Konnte ich nach dem Bearbeiten der Anfrage gut abschließen?
- Was brauche ich jetzt nach diesem Gespräch?

Einschätzung des Prozesses
- Wie zufrieden bin ich mit dem bisherigen Gesprächsverlauf?
- Was habe ich als Anliegen verstanden?
- Worauf möchte ich bei den nächsten Antworten besonders achten?
- Was würde ich wieder so machen?
- Was würde ich künftig anders machen?
- Wo habe ich Schulungsbedarf?
- Was möchte ich in die Supervision/kollegiale Beratung/Intervision einbringen?

Einschätzung des Kontakts mit dem/der Ratsuchenden
- Wie ist das Joining gelungen?
- Wie war der Kontakt mit dem/der Ratsuchenden?
- Welche Rückmeldungen habe ich vom/von der Ratsuchenden bekommen?
- Wie bin ich mit diesen umgegangen?
- Wie würde der/die Ratsuchende meine Beratungsleistung einschätzen/bewerten?

Einschätzung des Mediums und Settings
- Was hat sich in meiner Mediennutzung bewährt, was eher nicht?
- Wie bin ich mit Kamera, Mikrofon und Bildschirm zurechtgekommen?
- Was hat mich irritiert?
- Was möchte ich für mich am Setting verändern/verbessern?

Hybrid oder blended

In der digitalen Seelsorge bezieht sich das Wort »hybrid« in der Regel darauf, dass die Beratung sowohl online als auch zeitgleich offline stattfindet. Für den Fall einer Paarberatung würde das zum Beispiel bedeuten, dass ein Teil des Paares bei Ihnen im Büro oder Beratungsraum sitzt, während der andere Teil online per Video oder auch per Chat/Messenger zugeschaltet wird. Mögliche Gründe dafür können sehr unterschiedlich sein und reichen von Terminschwierigkeiten wegen einer Dienstreise bis zur Ablehnung des (Ex-)Partners oder der Gefahr von Streit und Handgreiflichkeiten. Ein hybrides Setting kann also ein Treffen möglich machen, das rein analog nicht zustande gekommen wäre.

Bei der Durchführung sind dabei vor allem auf diese Punkte zu achten:

Klare Kommunikation: Es ist wichtig, den ratsuchenden Personen genau zu erklären, wie die hybride Seelsorge funktioniert und abläuft, welche Technik verwendet wird und wie sie diese nutzen können. Hierzu sollte auch zusätzlich Zeit eingeplant werden.

Technische Vorbereitung: Sowohl die beratende also auch die ratsuchenden Personen sollten sicherstellen, dass sie über die notwendige Technik und Ausrüstung verfügen, um gemeinsam eine hybride Beratung sicher und möglichst störungsfrei durchführen zu können. Dazu gehören vor allem eine stabile Internetverbindung und je nach gewähltem Kanal auch eine Webcam und ein Mikrofon/Lautsprecher (Headset).

Flexibilität: Hybride Seelsorge erfordert oft eine gewisse Flexibilität, da es schwierig sein kann, die Online- und Offline-Räume möglichst nahtlos miteinander zu verbinden. Sowohl die beratende als auch die ratsuchende Person sollten bereit sein, auf unerwartete Situationen und technische Probleme zu reagieren. Geduld und eine gewisse Fehlertoleranz sind hier hilfreich.

Datenschutz und Datensicherheit: Bei einer hybriden Seelsorge werden natürlich persönliche Informationen ausgetauscht. Es ist daher wichtig, sicherzustellen, dass die Datenschutz- und Datensicherheitsrichtlinien eingehalten und transparent dargelegt werden und Fragen dazu beantwortet sind.

Persönliche Interaktion: Im hybriden Setting haben wir es mit zwei Arten der Interaktion zu tun. Mit der Person im selben analogen Raum vor Ort kommen wir anders in Kontakt als mit der zugeschalteten Person. Dies sollte offen angesprochen werden. Miteinander ist zu klären, ob das Setting so für alle passt oder ob noch

Zeit oder Raum gegeben werden sollte, damit alle entsprechend ankommen und sich einrichten können. Ziel der hybriden Seelsorge muss sein, dass sich niemand als »außen vor« empfindet, sondern sich alle möglichst gleichermaßen als Teil des Gesprächs empfinden.

Während »hybrid« das Setting beschreibt, in dem die Seelsorge stattfindet, geht »blended« weit darüber hinaus und meint eher die Arbeitsform. Zwar wird damit auch der Wechsel zwischen einem digitalen und analogen Setting innerhalb eines Prozesses beschrieben, wenn man sich also einmal digital und das nächste Mal analog trifft. Jedes analoge und jedes digitale Treffen kann aber ebenfalls wieder »blended« durchgeführt werden, weil in einem analogen Gespräch zum Beispiel digitale Arbeitsmittel eingesetzt werden oder in einem digitalen Gespräch analoge Elemente vorkommen. Es geht bei »blended« also um das Ineinander von digital und analog oder um die Integration von wechselndem Setting, wechselnder Methodik und unterschiedlicher Tools und Kanäle (siehe auch https://www.blended-counseling.ch/).

So kann in einem Videogespräch ein Flipchart im Hintergrund stehen und als Notizblock genutzt werden oder an der Wand ein analoges Whiteboard von der Kamera aufgenommen werden. Auch andere präsentische Elemente lassen sich einbauen, wie Zettel, Fragebögen, Bauklötze, Figuren oder auch Gegenstände aus dem Haushalt, Spaziergänge draußen oder in der Wohnung, Atemübungen, Meditationen, gemeinsames Lesen eines Buches und mehr.

Auch in einem Chat- oder E-Mail-Gespräch könnten vorbereitete oder vorher zugesandte oder vor Ort gesammelte Gegenstände und Materialien eingebunden und für das Gespräch genutzt werden. Zum digitalen kommt so ein weiterer, ein analoger, haptischer Kanal hinzu, der oft genug die Aufmerksamkeit neu schärft und die Gedanken auffrischt.

Im analogen Gespräch könnten entsprechend digitale Materialien eingesetzt werden, wie Webseiten, Videos, Musik, Tests/Fragebögen inklusive Auswertung, Online-Kurse oder Einheiten daraus, Podcasts, kollaborative Tools wie Whiteboards und Padlets usw.

Die Online- und die Offline-Welt dürfen sich mischen. Bei ratsuchenden Personen kommt das oft gut an, denn genauso kennen sie das auch von sich selbst und ihrer eigenen Welt, in der sie leben. Auch dort mischen sich die Kanäle und Methoden und die Grenzen verwischen. Der analoge Arztbesuch wird längst durch Dr. Google ergänzt und in der beruflichen Fortbildung wird natürlich auch auf YouTube nach ähnlichen Inhalten geschaut oder in Messenger-Gruppen werden gemeinsam Meinungen, Mitschriften und weiterführende Links ausgetauscht. Das Leben ist sozusagen längst »blended«. Und es gibt kein Gegeneinander mehr zwischen analog und digital. Daran darf Seelsorge anknüpfen und die Chancen für sich entdecken. Und gerade an der »blended« Seelsorge wird besonders deutlich, dass es in der digitalen Seelsorge eben nicht darum geht, »auch noch online was zu machen«, sondern sich der Lebenswirklichkeit der ratsuchenden Menschen zu nähern und zu ihnen auf Augenhöhe aufzuschließen.

In der »blended« Seelsorge sollte hierauf geachtet werden:

Klar definierte Ziele: Es ist wichtig, klare Ziele für die »blended« Seelsorge zu definieren und sicherzustellen, dass sowohl die Beratung als auch die ratsuchende Person diese Ziele verstehen und gemeinsam verfolgen. Wie ist also der Auftrag?

Auswahl der richtigen Tools: Es gibt eine Vielzahl von Tools und Technologien, die in eine »blended« Seelsorge integriert werden können. Es ist wichtig, diejenigen auszuwählen, die am besten zu Ziel und Auftrag und den Bedürfnissen und Möglichkeiten der ratsuchenden Personen passen. Was ist technisch leistbar? Wie ist der Auftrag und wie kann dieser Auftrag »blended« unterstützt werden? Es geht ja nicht um technische Spielereien oder Zeitvertreib. Alles, was digital oder analog eingesetzt wird, soll den Prozess voranbringen und natürlich auch dem Konzept der Einrichtung nicht entgegenstehen.

Gute Planung und Organisation: Eine »blended« Seelsorge erfordert eine sorgfältige Planung und Organisation, um sicherzustellen, dass alle Elemente nahtlos miteinander verbunden sind und ein reibungsloses Arbeiten gewährleistet ist. Dazu müssen alle beteiligten Personen eingebunden und mitgenommen werden. In welchen Bereichen sind Schulungen nötig?

Flexibilität: Wie bei der hybriden Seelsorge, wird auch »blended« Flexibilität erforderlich sein, um unerwartete Situationen oder technische Probleme zu bewältigen.

Effektive Interaktion: Es ist wichtig sicherzustellen, dass die Beziehung zwischen dem/der Seelsorgenden und der ratsuchenden Person gut ist und auch während der »blended« Beratung hält und trägt. Der gemeinsame Faden darf nicht abreißen. Hier ist auf der professionellen Seite für eine gute Fort- und Ausbildung zu sorgen, die regelmäßig reflektiert und evaluiert werden sollte.

Wenn es dann richtig gut läuft, können alle Beteiligten die Vorteile der »blended« Arbeit erleben. Denn für ratsuchende Menschen bietet es die Flexibilität, zwischen Online- und Offline-Settings zu wählen, je nachdem, was für sie am bequemsten und am besten geeignet ist. Durch die passende Verwendung von Off- und Online-Tools und -Methoden wird Seelsorge für Menschen zugänglich, die aufgrund von Entfernung, Mobilitätseinschränkungen oder anderen Gründen Schwierigkeiten haben, persönliche Sitzungen in Anspruch zu nehmen. Die Möglichkeiten zur Teilhabe werden gesteigert. Dadurch können wir sozusagen unseren »Servicebereich« erweitern, indem wir nicht nur unser Portfolio ausbauen, sondern wir werden auch in die Lage versetzt, eine personalisierte und eher maßgeschneiderte Seelsorge oder Beratung anzubieten, die auf die spezifischen Bedürfnisse und Ziele der Menschen zugeschnitten ist.

Darüber hinaus kann es zu Einsparungen von Ausgaben und Aufwendungen kommen, denn wo zum Beispiel weniger Räume gebraucht werden und Fahrtkosten wegfallen, kann Seelsorge kosteneffizienter angeboten werden.

Messenger

Der Messenger ist die »eierlegende Wollmilchsau« unter den digitalen Anwendungen. In der Regel laufen sie als Apps auf mobilen Geräten wie Smartphones und Tablets, können aber auch über Webanwendungen auf Desktop-Computern genutzt werden. Messenger können wirklich alles: zwischen Text-, Sprach- und Videonachrichten wechseln, Medieninhalte wie Fotos und Dokumente untereinander austauschen, Emojis einbinden, Bilder, fremde Texte oder Links einbetten, über die »Teilen«-Funktion Social-Media-Inhalte direkt und ohne Veränderungen einbinden, den Standort teilen, Geld versenden oder Umfragen durchführen und vieles mehr. Es gibt eigentlich nichts, das Messenger nicht können oder mit dem sie sich nicht verbinden lassen. Die meisten Messenger-Dienste verwenden in ihren Kommunikationskanälen eine Ende-zu-Ende-Verschlüsselung, um die Privatsphäre der Nutzer und die Sicherheit ihrer Daten zu gewährleisten. Trotzdem weiß man natürlich nicht, was die Anbieter mit den Daten auf jeweils ihren Servern tun und zu welchen Zwecken sie wie ausgewertet werden. Datenschutz bleibt ein großes Thema. Die populärsten Messenger sind WhatsApp, Facebook Messenger, Signal, Telegram, Threema, WeChat und iMessage.

Je nach Einstellung können Chats und E-Mails auch auf dem Handy ankommen, haben aber einen anderen Charakter und können besser sortiert und abgeschaltet werden. Messenger dagegen laufen immer und suggerieren mit akustischen oder visuellen Signalen ihre Wichtigkeit und machen das Abschalten und das »Lese ich später« schwerer.

In diesem Kapitel beziehe ich mich hauptsächlich auf den populärsten Messenger: WhatsApp; Threema und Signal werden gelegentlich mitgenannt.

Im Moment ist kein Messenger auf dem Markt, der den strengen Datenschutzbestimmungen der EKD gerecht wird. Keiner ist also explizit für Seelsorge geeignet. Trotzdem führe ich hier Messenger generell auf, weil es immer wieder vorkommt und vorkommen wird, dass Seelsorgende zum Beispiel in Kirchengemeinden auch über dieses Medium angeschrieben und angefragt werden. Natürlich kann man solche Anfragen sofort und strikt ablehnen und schon im Vorfeld vorbeugend Kontakte darauf hinweisen, dass man hier nicht mit seelsorglichen Themen angeschrieben werden möchte. Wie realistisch so ein geäußerter Wunsch in der Praxis allerdings ist, und wie streng man ihn im Fall des Falles auch durchsetzen kann und mag, steht auf einem anderen Blatt. Darum ist es hilfreich, sich für dieses Kommunikationsmedium einen gewissen Grad an Kompetenz anzueignen und somit für eventuelle Anfragen gerüstet zu sein.

Der Messenger ist handlich. Das ist er nicht an sich, aber das Gerät, auf dem er läuft, ist es. Und das ist einer der wesentlichen Vorteile des Messengers. Ich kann mit ihm mobil unterwegs sein. Und dabei ist es egal, ob ich synchron in einem Chatgespräch bin, asynchron wie eine E-Mail schreibe und auf eine Antwort warte oder ich Sprachnachrichten wie auf einem Anrufbeantworter hinterlasse. Sobald es mir in den Sinn kommt, kann ich als ratsuchende Person zum Handy greifen und mein Anliegen loswerden, einen Termin anfragen, auf noch unbeantwortete Nachrichten reagieren, von mir berichten. Was auch immer mir unterwegs begegnet, was mich anspricht oder eher abstößt, ich kann es mit dem Handy festhalten (in Bild und/oder Ton) und mit dem Messenger weiterleiten, kommentieren, verändern, teilen. Der Messenger ist das ideale Werkzeug, um »blended« zu arbeiten (siehe Kapitel »Hybrid oder blended«) und gerade das macht ihn so reizvoll. Digitales und Analoges, alles kommt im Messenger zusammen, findet seinen Platz und seine Kommunikation, zeitlich und örtlich unabhängig. Einfach genial!

Besonders Jugendliche lassen sich von Messengern anziehen und ansprechen. Ob als einzelne App, wie WhatsApp oder als interner Messenger wie bei Instagram oder Snapchat. Doch auch Erwachsene nutzen sie gerne. WhatsApp hat einen Siegeszug hingelegt, der seinesgleichen sucht. Beinahe jede Person, die in Deutschland Zugang zum mobilen Internet hat, verwendet statistisch diese App (siehe ARD-ZDF-Onlinestudie 2022).

Und auch für mich als Seelsorger ist der Messenger ein wirklich ansprechendes Werkzeug, weil ich ihn natürlich genauso nutzen kann wie Ratsuchende, ich aber zusätzlich die Speicherfunktionen habe, mir selbst eine Nachricht schicken kann und den Messenger wie einen Notizzettel oder Notizbuch nutze. Und ich habe die Möglichkeit, mit einer ratsuchenden Person diese Fülle an Möglichkeiten anzuwenden: »Wollen wir heute mit Bild sprechen oder lieber chatten? Zeigst du mir über die Kamera, wie deine Umgebung gerade aussieht?« Oder: »Schneide bitte eine Grimasse, wie deine Stimmung gerade ist.« Ob Seelsorge in kleinen Happen oder länger an einem Stück, der Messenger ist eine Toolbox an Interventionen und kreativen Möglichkeiten, die ich gut und gerne für die Seelsorge einsetze.

Ein anonymer Seelsorgekontakt ist mit einem Messenger jedoch nur schwer aufzubauen. WhatsApp übermittelt die Telefonnummer und in der Regel auch den Namen der Person, die die Nachricht erhält, sodass diese eindeutig identifiziert werden kann. Namentlich kann man sich natürlich dennoch hinter einem Nicknamen verbergen, die Nummer aber bleibt sichtbar. Alle übermittelten Informationen werden somit sofort zu personenbezogenen Daten des Absenders. Lediglich Threema macht hier eine Ausnahme und übermittelt auf Wunsch nur eine anonymisierende »ID«.

Messenger-Apps dienen in erster Linie dazu, schnell und unkompliziert mit anderen Personen zu kommunizieren und Informationen auszutauschen. Für die Seelsorge sind sie insofern eine Herausforderung, da die üblichen kurzen Sätze schnell zu Missverständnissen und Frust in der Kommunikation führen können. Es braucht also eine besondere Achtsamkeit für sich selbst, für den Gesprächsprozess und auch für das Gegenüber, um gewinnbringend miteinander im Kontakt zu sein. Hier liegt die Verantwortung besonders bei der seelsorglichen Person. Ist für beide Seiten alles klar? Sind wir noch auf Kurs? – sind für mich dabei zwei leitende (stille) Fragen.

Grundsätzlich gilt, was auch schon oben zum Joining und zum Verlauf eines Seelsorgegesprächs, besonders im Chat, geschrieben wurde. Da ein Messenger als Allrounder aber so viele Möglichkeiten bietet, die Kommunikation zu gestalten, sollte hier besonderer Wert auf Nachfragen und Rückversicherungen gelegt werden. Das heißt, die Kommunikation sollte auch in ihrer Form abgesprochen werden: Welche Funktionen sollen genutzt werden? Was sollte nicht genutzt werden (zum Beispiel Sprachnachrichten, Links zu externen Webseiten oder nur bestimmte Emojis)?

Und natürlich muss der Datenschutz auf dem Handy und im Messenger gut geklärt und besprochen sein. Soweit ich das überblicke, nutzen alle Messenger den verschlüsselten Transport der Daten in den Chats. Konkret bei WhatsApp, dem in Deutschland meistgenutzten Angebot, bedeutet das, dass die Nachrichten anderen Mitgliedern und auch WhatsApp selbst nicht zugänglich sind. Weitergegeben und von der Muttergesellschaft »Meta« ausgewertet werden dagegen die sogenannten Meta-Daten, also wer mit wem wann und wie lange kommuniziert. Auch Standortdaten und die Telefonbücher sowie Angaben zu Häufigkeit und Dauer von Chats und Telefonaten sind nicht verschlüsselt und stehen dem Konzern zur Verfügung. Zugegeben: WhatsApp-Nutzer müssen darauf vertrauen, dass WhatsApp die Verschlüsselung so umsetzt, wie behauptet. Eine Möglichkeit zur Prüfung haben wir als Nutzerinnen und Nutzer nicht. Wollen wir den Messenger dennoch nutzen, können wir es »Meta« und den anderen Anbietern nur schwerer machen, die Daten zu bekommen, zum Beispiel indem wir ein zweites Handy für die Seelsorge anschaffen, ohne Kontaktliste und ohne Backup und durch stetiges Löschen der Chats und Anruferlisten. Einen vollständigen Schutz gibt es aber nicht.

Vor allem aber ist es wichtig, immer mal wieder auf den (mangelhaften) Datenschutz hinzuweisen und abzufragen, ob weiter auf diesem Wege miteinander kommuniziert werden soll. Und es sollte auch betont werden, dass die anfragende Person das Gespräch und auch den Kontakt jederzeit ohne Angabe von Gründen beenden oder abbrechen kann.

Zeitliche Abgrenzungen

Zu welchen Zeiten kann eine Erreichbarkeit garantiert werden? Wann ist man eher nicht erreichbar? Die Frage der Erreichbarkeit schließt das Senden von Inhalten nicht aus, gibt aber mehr Zeit zur Beantwortung, selbst wenn das System meldet, man habe den Inhalt zur Kenntnis genommen. Darum sind solche Absprachen für mich nicht nur eine Gesprächsgestaltung, sondern immer auch

Raum für Selbstfürsorge und persönliche Grenzen. Menschen werden mitunter unruhig, wenn sie festgestellt haben, dass man zwar deren Nachricht gelesen, aber noch nicht geantwortet hat. Hier helfen feste Absprachen und transparente Regeln, um Missverständnissen vorzubeugen. Es helfen also Sätze wie: »Ich antworte immer montags. Sie erreichen mich werktags zwischen 18 und 19 Uhr« oder Ähnliches.

Genauso sollte auch die Frage des Ortes besprochen werden. Der Messenger läuft ja auf mobilen Geräten. Und gerade wenn man sich für Sprachnachrichten oder sogar Videogespräche verabredet hat, ist es sehr wichtig, hier auch die entsprechende Privatsphäre und die Notwendigkeit zum Datenschutz zu betonen. Dass manches Gegenüber dann ein anderes Gefühl oder Verständnis von Datenschutz und Privatheit hat als wir als Seelsorgende, muss uns nicht irritieren, sondern kann vielmehr als Information mit in die Seelsorge genommen werden (vgl. Datenschutz, S. 140 ff.; Videogespräch, S. 83 ff.).

Natürlich hängt dies auch immer vom Vorfall oder Thema und von der Nähe zur anschreibenden Person ab, aber es hilft dem Vertrauen und der seelsorglichen Beziehung, wenn solche und ähnliche Kriterien rechtzeitig und transparent angesprochen oder geklärt werden.

Emojis

Auch in Chatsystemen ist das Verwenden von Emojis möglich. Vielfältig gebraucht werden sie aber eher in Messenger-Diensten, weshalb ich mich ihnen in diesem Kontext widmen möchte.

Während aus Schriftzeichen bestehende Smileys wie zum Beispiel :) oder ;-) oder :-} an die Anfangszeiten der digitalen Kommunikation erinnern, sind Emojis die modernen Nachfolger und werden als Bildzeichen, als bildliches Symbol, verwendet oder durch entsprechende Schriftzeichen aktiviert und vom System in Bildzeichen umgewandelt. Es werden immer noch beide Möglichkeiten verwendet und manchmal ist es verblüffend, wie mit reinen Schriftzeichen ganze Bildmotive dargestellt werden können. Beispiel ☺

Trotzdem werden in Messengern und modernen Chatsystemen heute wahrscheinlich insgesamt mehr Emojis verwendet und weniger Smileys, da sie schnell und einfach eine größere Auswahl an vorgefertigten Beispielen anbieten, die eine Emotion, eine Person, einen Zustand oder Gegenstand repräsentieren sollen.

Beispiele für Emojis

Die schriftliche Kommunikation (oder auch das kommentierende Einblenden in einem Videogespräch, siehe dort) kann durch Emojis angereichert werden. Die Bildzeichen geben die Möglichkeiten, ihre Worte entweder zu unterstreichen und zu verstärken oder aber auch abzuschwächen und in der Bedeutung bzw. der Schwere zu skalieren (vgl. auch das Kapitel »Oraliteralität«).

Darüber hinaus können Sätze verkürzt werden, indem Worte durch Emojis ersetzt werden. Statt Auto kann »🚗« geschrieben werden, statt »Happy Birthday« »🎂«.

Als lesende Seelsorgerinnen und Seelsorger nehmen wir natürlich alles Geschriebene zuerst so an, wie es eben kommt. Die Wörter sind die Message, und zwar sowohl in Worten als auch in Bildern und Symbolen, und wir erhalten so wertvolle Informationen über die Autorin oder den Autor der Zeilen. Wir könnten zum Beispiel fragen: »Ich sehe, dass du viele Emojis nutzt. Welche Vorteile hat diese besondere Form des Gesprächs für dich?« Oder auch: »Ich sehe dich nie Emojis nutzen, meidest du diese ganz bewusst?«

Solche Fragen können zur Unterschiedsbildung hilfreich sein. Dem Vielnutzer könnte es hilfreich sein, die Dinge zukünftig beim Namen zu nennen und auszuschreiben/auszusprechen. Dem anderen könnte die Fantasie angeregt werden, künftig kreative Symbole für eigene Themen zu wählen und darüber nachzudenken, welche wohl passend wären und wie sie das Gespräch und auch das eigene Empfinden, den Standpunkt, zum Thema verändern.

In meinen Antworten verwende ich Emojis allerdings sehr sparsam und auch nur ausgewählt. Das ist ein wenig eine Geschmacksfrage und ich umgehe damit auch die Gefahr, missverstanden zu werden, denn manche interpretieren Emojis einfach unterschiedlich.

Außer bei sehr klaren und weit verbreiteten Emojis frage ich auch gerne, wie und ob es verstanden worden ist.

Manche Messenger bieten neben Emojis auch die Möglichkeit, GIFs zu verwenden. Das können statische Fotos oder Grafiken sein, aber auch kleine Filme, die in Endlosschleife automatisch wiederholt werden. Wer Zeit und Lust hat, kann sich eigene GIFs herstellen, zum Beispiel mit dem persönlichen Konterfei und eigenem Text oder etwas bereits Vorhandenes wird verändert und personalisiert oder individualisiert. Auf jeden Fall bekommt man so noch mehr die Möglichkeit, seine Reaktion zu verbildlichen, manchmal wird sie dadurch stärker, manchmal bekommt sie einen kreativen Schlag, manchmal wird sie einfach nur deutlicher. Im Seelsorgegespräch kann man gerade tröstende oder mitfühlende GIFs und Emojis gut nutzen. Ebenso fröhliche und lachende. Der Einsatz sollte aber zielgerichtet, bewusst und in Maßen erfolgen.

Sprachnachrichten in der Seelsorge

Weil in Messengern häufig noch viel kürzer und kompakter und auch mit mehr Emojis kommuniziert wird als zum Beispiel in E-Mails oder Chats, ist die Gefahr hoch, sich misszuverstehen. Sprachnachrichten können hier helfen, da sie in frei gewählter Länge einen hörbaren O-Ton vermitteln, der sowohl im Satzbau als auch in der Sprachmelodie genauer beschreibt und betont, was vom Absender auch zwischen den Zeilen als Inhalt beabsichtigt ist und auch emotional kommuniziert werden soll. Gerade komplexere Zusammenhänge beschreibe ich darum gern als Sprachnachricht. Die mit der eigenen, persönlichen Stimme gesprochenen Sätze wirken außerdem noch einmal persönlicher und vertrauter als ein geschriebener Text. Darum nutze ich das auch gerne für tröstende und ermutigende Mitteilungen.

Natürlich gibt es auch ratsuchende Menschen, die sich mit dem Schreiben von Nachrichten unwohl fühlen, die Analphabeten sind oder die mit der Tastatur auf dem mobilen Gerät nicht so zurechtkommen, dass sie sich ein Gespräch zutrauen würden. Auch hier kann das Angebot von Sprachnachrichten helfen und entlasten und zur Begegnung verhelfen. Und auch Menschen in akuten Krisen oder

Gedankenschleifen sprechen manchmal lieber, als dass sie schreiben, weil sie sich momentan nicht in der Lage sehen, ihre Gedanken in klare Sätze zu fassen. Hier kann also auch die Kommunikation mittels Sprachnachrichten hilfreich sein.

Bevor mit Sprachnachrichten gearbeitet wird, sollte aber abgesprochen werden, ob diese überhaupt erwünscht sind. Denn auch wenn innerhalb desselben Messengers kommuniziert wird, so handelt es sich doch um einen Wechsel des Kanals (von Text zu Sprache) und dieser darf vorbereitet und begleitet werden. Wichtig scheint mir zudem der Hinweis, dass Sprachnachrichten natürlich potenziell auch von anderen mitgehört werden können. Ich mache darum immer auf diese Gefahr aufmerksam und bitte um das Benutzen von Kopfhörern oder das Aufsuchen von ruhigen Orten ohne Mithörer.

Messenger als Broadcaster

Manche der Messenger sind nicht nur für die Gruppen- oder Eins-zu-eins-Kommunikation gemacht, sondern bieten auch die Möglichkeit, eine Art »Newsletter« zu versenden (bei Threema »Verteilerliste«, bei Signal gibt es diese Funktion nicht). Im Messenger WhatsApp heißt diese Funktion zum Beispiel »Broadcast«. Dabei handelt es sich um eine Verteilerliste, über die ausgewählten Empfängern aus den Kontakten, dem Adressbuch, eine Nachricht zugeleitet werden kann. Es findet also keine bidirektionale Kommunikation unter den Empfängern statt, sondern es handelt sich um eine kommunikative Einbahnstraße. Wobei es natürlich allen Empfängern frei steht, dem Absender auf diese Nachricht zu antworten und damit ein Zweiergespräch in einem Privatchat zu eröffnen und so in den Austausch zu gelangen.

Aber auch wenn ein Gespräch eigentlich nicht intendiert ist, so kann der Broadcast dennoch seelsorglich-beratend genutzt werden. Zum Beispiel ließe sich darüber täglich ein Bibelwort versenden oder ein Morgen- oder Abendsegen, ein Weisheitswort, eine Ermutigung oder eine Anregung für den Tag. Und ja, das ist nicht die Seelsorge, die wir sonst kennen. Hier findet kein Austausch, kein Gespräch statt und soll auch gar nicht. Hier ist Seelsorge ein offenes Angebot, wie das Ausstreuen von Samenkörnern auf einem Acker und für manche wird es nichts bedeuten, für andere dagegen wird es zu der Seelsorge und entfaltet die Wirkung, die gerade (kontextuell) nottut (vgl. Drechsel/Kast-Streib 2017, S. 111).

Ähnlich funktioniert das neue Angebot »WhatsApp Community«. Dies ist eine spezielle Form der WhatsApp-Gruppe. Hier können Mitglieder miteinander kommunizieren und Inhalte teilen. Es gibt jedoch einige zusätzliche Funktionen die WhatsApp-Community bietet und die auch seelsorglich von Nutzen sein können:
- die Möglichkeit, einen Beitritts-Link zu erstellen, damit Leute einfach beitreten können,
- die Möglichkeit, Mitglieder zu benennen und ihnen spezielle Rollen zu geben,
- die Möglichkeit, eine Begrüßungsnachricht an neue Mitglieder zu senden,
- die Möglichkeit, die Mitgliederliste und die Beiträge der Mitglieder anzeigen zu lassen.

Die weiteren Möglichkeiten erfordern natürlich eine noch höhere Transparenz in Sachen Datenschutz. So sollte potenziell neuen Mitgliedern die Gelegenheit gegeben werden, selbst zu entscheiden, ob sie Teil der Community sein wollen, bevor ihnen ein Einladungslink zugesendet wird. Außerdem sollte vereinbart werden, dass die Mitglieder selbst verantwortungsvoll mit den Daten anderer Mitglieder umgehen und diese nicht ohne deren Zustimmung teilen oder veröffentlichen. Dasselbe gilt natürlich für jede Form der Kommunikation auf WhatsApp und anderen Messengern.

Seelsorge über den Status

Ähnlich wie über die Broadcast-Funktion kann Seelsorge auch über den Status angeboten werden (bei Snapchat entspricht dies in etwa der Funktion »Storys«). Hier werden die angebotenen Beiträge aber nicht über eine Liste verteilt, sondern im eigenen Status gepostet. WhatsApp bietet hier viele Möglichkeiten, von einer Bilderreihe über kurze Filme, bis zu Texten. Bei Signal bietet sich hier die Funktion »Story« an. Wir könnten das wie einen Gruß aus der Seelsorgeküche nutzen und kleine, feine Leckereien anbieten. Hilfreiche Impulse für den Alltag. Noch minimalistischer wäre dann nur noch, Seelsorgeimpulse über das Profil und Profilbild zu vermitteln. Erreicht werden hier jeweils die, mit denen man selbst in Kontakt ist, die also im Adressbuch des Messengers stehen oder die als einzelne Empfänger oder Empfängerkreise aus dem Adressbuch ausgewählt und bestimmt wurden.

Besondere Situationen, Krisen, Suizidales

Schwierige Situationen und akute Krisen sind in der digitalen Seelsorge naturgemäß eine besondere Herausforderung. Durch die räumliche Distanz, durch Anonymität und durch die oftmals rein schriftliche Kommunikation ist ein direktes Eingreifen oder Einbinden externer Hilfe nicht möglich. Auf der anderen Seite ist aufgrund der genannten häufig vorkommenden Themen beinahe jedes Gespräch ein Krisengespräch, in dem es darum geht, die momentane schwierige persönliche Situation irgendwie auszuhalten und durchzustehen. Was also tatsächlich eine schwierige Situation oder Krise ist und wann sie beginnt, erlebt jeder Mensch unterschiedlich, sowohl auf der ratsuchenden wie auf der Seite beratender Personen. Mancher empfindet etwas als große Katastrophe, was bei anderen nur ein Schulterzucken auslöst. Darum kann es insgesamt hilfreich sein, sich miteinander zu verständigen, wie mit krisenhaftem Erleben im Gespräch umgegangen werden soll. Hier helfen skalierende Fragen und das Absprechen eines Sicherheitswortes oder Buchstabens (»safe word«). Beispiel:

Auf einer Krisenskala von 0-10, wie schätzt du im Moment deine Lage ein? Wie sicher oder stabil fühlst du dich gerade? Wenn sich bei dir etwas ändert und du in eine akute Krise zu rutschen drohst, kannst du dann zweimal »P« schreiben für Pause? Oder hast du einen anderen Vorschlag? Was wäre dir lieber?

Solche Fragen geben beiden Sicherheit und das Gefühl, die Sache in diesem Medium etwas mehr im Griff zu haben. Es dient also eher der Prävention und Absprache für den Fall der Fälle.

Krisen, die nicht angekündigt werden (können) sind oft durch die Wortwahl und den Satzbau erkennbar. Wenn eher negativ formuliert wird, das Gegenüber in einer Problemtrance zu stecken scheint oder auch aus einem Gedanken- und Logikkreisel nicht aussteigen kann, die Schriftsprache verwaschen, unklar und unlogisch wirkt, gehäuft Rechtschreibfehler zeigt oder zeitliche Lücken im Chat auftreten, dann können das Hinweise auf eine Krise oder deren Anbahnung sein. Hier hilft es natürlich, wenn man sich schon kennt und das gegenwärtige Gespräch mit früheren abgeglichen werden kann. Ist das nicht der Fall, gilt es frühzeitig einzugreifen und sich eine Rückmeldung vom Gegenüber zu erbitten: »Wie geht es dir gerade? Ich habe das Gefühl, dass es dir gerade nicht so gut geht, kannst du mir bitte eine Antwort dazu geben? Welche Emotionen nimmst du bei dir wahr? Was kann ich für dich tun?«

Nicht zuletzt kann auch der plötzliche Abriss der Kommunikation, das Schweigen trotz wiederholter Ansprache und Aufforderung auf eine Krise hindeuten. Schreibt man per E-Mail miteinander, kann das Gesprächs- und Kontaktangebot erneuert werden. In einem anonymen Chat gibt es leider keine weiteren Interventionsmöglichkeiten mehr. Das ist oft nur schwer auszuhalten, gehört aber auch mit zur Wirklichkeit der digitalen Seelsorge.

Es erfordert oft eine enorme Anstrengung, um in einer Krise durchzuhalten und vielleicht sogar neue Lösungen und Wege zu finden. Doch genau darum geht es. Vom Wortsinn her, beschreibt »Krise« den Höhepunkt einer Herausforderung oder gefährlichen Entwicklung. Es ist also der Scheitelpunkt gemeint. Obwohl es sich am schlimmsten anfühlt, ist alles gerade auf Wendepunkt und Neuanfang eingestellt. Wie der bekannte Neurologe und Psychiater Viktor Frankl (2018) mit F. Nietzsche betonte: »Wer ein Warum zu leben hat, erträgt fast jedes Wie.« Darum kann es hilfreich sein, sich daran zu erinnern, wofür es sich lohnt, in schwierigen Zeiten durchzuhalten und weiterzumachen, obwohl so vieles dagegen zu sprechen scheint. In einer schwierigen Situation wird oft deutlich, dass das bisherige Vorgehen nicht mehr ausreichend ist. Neue Einstellungen, Perspektiven, Ideen oder Handlungsweisen können in Krisen entscheidend sein. Bestimmte Verhaltensweisen und Gedanken können auch dazu beitragen, die Widerstandsfähigkeit im Allgemeinen zu stärken. »Was brauchst du gerade?«, ist darum auch eine der wichtigsten Fragen in einer Zeit der Krise.

Emily Engelhardt hat in ihrem »Lehrbuch Onlineberatung« einen Leitfaden zum Umgang mit Krisensituationen in der Mailberatung aufgenommen (2021, S. 117). Dieser lässt sich entsprechend für die Seelsorge angepasst auch für das Chat- oder Videogespräch nutzen:

Grenzen des Settings beachten: Was kann im akuten Fall in der Onlineseelsorge geleistet werden? Was sind ganz grundsätzliche konzeptionelle Haltungen zu Anfragen mit krisenhaftem/suizidalem Themenhintergrund?

Einschätzung des oder der Ratsuchenden: Durch mehrfaches Lesen der Anfrage, durch konkrete Nachfragen im Chat- oder Videogespräch, durch In-Bezug-Setzen zu anderen Anfragen des oder der Ratsuchenden (wenn möglich).

Abschätzen der Gefährdungssituation: Einholen einer zweiten Meinung von Kolleginnen und Kollegen; Hinzuziehen der Leitung.

Eigene Haltung als Seelsorgerin oder Seelsorger: Wie stehe ich zu dem Thema? Was löst das Thema in mir aus/was nicht? Was bedeutet es für mich? Wie gehe ich damit um?

Eigene Kompetenzen aktivieren: Auf Erfahrungen oder Ausbildungsinhalte zurückgreifen; Selbstmitgefühl stärken.

Eigenes Bedürfnis nach Absicherung wahrnehmen: Nicht allein bleiben: Wer kann noch unterstützen? Auch Intervision und Supervision nutzen. Sich selbst absichern und einen sicheren Raum schaffen; Vorgehen nach dem Motto »Lieber einmal zu viel nachfragen als einmal zu wenig«.

Umgang mit Emotionen: Meine eigenen Emotionen als Mensch und als Seelsorgerin und Seelsorger wahrnehmen und benennen. Die Emotionen des oder der ratsuchenden Person wahrnehmen und benennen lassen, Atemtechniken anwenden, Ankerübungen.

Ernst nehmen des oder der Ratsuchenden: Realistische Angebote machen; Klarheit einfordern; Konsequenzen benennen (ggf. Zusammenarbeit mit Behörden).

Konkrete Vereinbarungen treffen: Non-Suizid-Vertrag; Rückmeldezeiträume; Kontaktfrequenz; eigene Grenzen benennen; Grenzen des Settings benennen.

Klare Worte, kein Umschreiben: »Haben Sie vor, sich zu töten?« statt »Wollen Sie eine Dummheit machen oder sich was antun?«

Ruhe bewahren: Nicht überhastet reagieren; sich bewusst Zeit nehmen; Ruhe bewahren und Ruhe ausstrahlen.

Es ist immer noch Zeit, um noch einmal zu lesen, zu hören, nachzufragen oder mit Kolleginnen und Kollegen zu sprechen.

Anders als in der E-Mail-Seelsorge tritt eine Krise im Chat- oder Videogespräch sozusagen vor den eigenen Augen auf. Als Seelsorgende sind wir hier gezwungen, schnell und ad hoc zu reagieren. Es ist darum empfehlenswert, den Umgang mit Krisenszenarien im Online-Raum mit Kolleginnen und Kollegen zu üben. So wird das eigene Empfinden in der Situation und die eigene Kompetenz reflektiert und geschult: Kann ich das, was mir begegnet, bewältigen? Kann ich das hier, in diesem Medium oder Kanal? Was oder wen brauche ich noch?

Suizidalität

Manche Seelsorgerinnen und Seelsorger sind bei suizidalen Ankündigungen verunsichert, weil sie sich nicht wegen unterlassener Hilfeleistung schuldig machen möchten, weder moralisch noch strafrechtlich. Die moralische Seite lässt sich wohl nur in der Supervision oder im kollegialen Austausch abschließend besprechen. Strafrechtlich ist die unterlassene Hilfeleistung in § 323c StGB geregelt. Inwieweit der Passus »obwohl dies erforderlich und ihm den Umständen nach zuzumuten […] ist« auf die Situation einer anonymen E-Mail- oder Chatseelsorge zutrifft, muss sicher individuell und rational geklärt werden. Je mehr man jedoch auch personenbezogene Informationen (Klarnamen, Wohnort) von der ratsuchenden Person weiß, desto mehr ist man verpflichtet, alles in der Macht Stehende zu tun, um Hilfe zu organisieren, auch wenn das den Bruch der Verschwiegenheit bedeuten würde. Insofern macht dieser Paragraf Mut, den Kontakt zur suizidalen Person möglichst lange aufrechtzuerhalten, auch wenn man sich seiner eigenen Grenzen mit Selbstmitgefühl bewusst sein darf.

Eine suizidale Ankündigung im Gespräch ist immer ernst zu nehmen. Selbst wenn sie wie beiläufig und als Scherz gemeint ankommt, spreche ich es immer an und frage nach, wie ernst diese Worte tatsächlich gerade gemeint waren. Stellt es sich dann als Scherz heraus, stelle ich klar, dass ich diese Art Witz nicht besonders wertschätze und auch in Zukunft bitte nicht mehr lesen oder hören will. Über Suizid und suizidale Absichten werden keine Witze gemacht. Vielleicht bin ich da etwas sensibel, aber ich habe einfach in meinem Leben von zu vielen Suiziden gehört und hatte mit zu vielen bisher zu tun. Und vor allem möchte ich nichts übersehen, auch nicht die kleinste, scheinbar nebensächlichste Ankündigung. 80 Prozent der Suizide in Deutschland werden angekündigt. Im Jahr 2021 starben in Deutschland insgesamt 9 215 Personen durch Suizid (Statistisches Bundesamt 2022). Auch wenn diese Zahlen seit Jahrzehnten insgesamt rückläufig sind, es waren 2021 immer noch über 25 Personen pro Tag.

Laut Walter Pöldinger (1968, zit. nach Wolfersdorf 2019, S. 20 f.) werden vor einer Suizidhandlung drei Stadien durchlaufen:

Erwägungsstadium: Suizidgedanken kommen auf und ein Suizid wird in Erwägung gezogen.

Ambivalenzstadium: Abwägen und Schwanken zwischen dem Wunsch, tot zu sein, und dem Wunsch, nicht zu sterben, sondern das eigene Leben zu verändern.

Entschlussstadium: Die Entscheidung zum Suizid wird getroffen.

Nach dem Entschluss gibt es nicht selten eine gewisse »Ruhe vor dem Sturm«. Die zum Suizid entschlossene Person erlebt diese Zeit oft als besonders gelassen und durchaus auch fröhlich und aufgeschlossen, da das Hin und Her endlich geklärt und der weitere Weg für sie klar ist. Es kann auch eine Scheinwelt aufgebaut werden, in der von ewiger Ruhe und einer stressfreien oder schmerzfreien Welt geträumt wird, und in der die suizidale Handlung eine immer größere erleichternde und rettende Bedeutung gewinnt. In den Kontakten und Beziehungen kann es auch wieder zu intensiverem Austausch kommen und Zugehörige haben den Eindruck, die psychische Krise sei überwunden oder zumindest auf dem Weg der Besserung. In Wahrheit handelt es sich aber eher um ein Ablenkungsmanöver, das beruhigen und Zugehörige in Sicherheit wiegen soll. Innerlich kommt es eher zu Schuldvorwürfen und Schuldzuschreibungen »an die blöde und gemeine Welt da draußen«.

Diese präsuizidale Pause schafft die Voraussetzungen für gezieltes, manchmal kühl wirkendes suizidales Handeln. Für Zugehörige kommt der Suizid dann oft überraschend und aus vermeintlich heiterem Himmel.

Zu den schwierigsten Aufgaben zählt die Einschätzung des Risikos nach bereits stattgefundenen Suizidversuchen oder bei bestehenden Suizidgedanken. Die klassischen Phasen nach Walter Pöldinger oder auch das präsuizidale Syndrom nach Erwin Ringel (1953, zit. nach Wolfersdorf 2019, S. 19 f.) sind nicht immer ausgeprägt und verlaufen auch nicht in einer bestimmten Reihenfolge. Im Allgemeinen nimmt die Selbsttötungsrate mit steigendem Alter zu. Weitere Faktoren, die mit einem erhöhten Risiko einhergehen können, sind:
- frühere Suizidversuche,
- Alkohol- und Drogenabhängigkeit,
- der Verlust naher Bezugspersonen,
- lang andauernde depressive Episoden,
- vorausgegangene psychiatrische Behandlungen,
- körperliche Erkrankungen,
- Arbeitslosigkeit oder Rentenbeginn,
- Zurückweisung von Hilfsangeboten,
- gewaltbereites Verhalten in der Vorgeschichte.

Aus diesen Beschreibungen ergeben sich dann auch die ersten Fragen an Menschen, die suizidale Absichten äußern: Hattest du schon vorher solche Gedanken? Hast du schon entsprechende Vorbereitungen getroffen? Wie würdest du es tun?

Es ist nicht so, dass das Reden über den Suizid diesen auslöst oder erst recht den Wunsch verstärken würde. Im Gegenteil, reden und Anteilnahme sorgen für eine psychische Entlastung und können dazu führen, dass die Absichten noch einmal überdacht oder ganz zurückgenommen werden.

Weitere Fragen können auch bisherige Ressourcen miteinbeziehen: »Was hat dich bis jetzt davon abgehalten, dich umzubringen? Warum ist gerade jetzt ein guter Zeitpunkt dafür? Wer sollte dich finden? Wer besser nicht?«

Um es mit einem Bild zu beschreiben: Ich versuche in diesen Situationen mit der Person »zwei Tassen Tee« zu trinken:

T – Talking down: Ich versuche, beruhigend auf die Person einzugehen, ohne Vorwürfe, ohne Wertungen, ohne Anklagen, sondern mit Wertschätzung, Geduld und Mitgefühl. Ich höre zu und lasse mir die ausweglose Situation schildern. Seit wann fühlst oder denkst du so? Was wäre am Totsein besser als am Leben zu bleiben?

A – Ansprechen des Themas: Ich rede bzw. schreibe nicht um den heißen Brei herum, sondern bin direkt und klar in meinen Worten. Wie konkret ist die Absicht? Ich versuche auch herauszufinden, wo sich die Person im Moment befindet und ob sie allein oder jemand bei ihr ist und was sie jetzt vorhat. Ist sie alkoholisiert oder hat sie Drogen genommen?

S – Stabilisieren: Ich versuche die Person in ihrem krisenhaften Erleben zu stabilisieren und die Augen für ein Unterstützernetzwerk zu öffnen. Wen kennst du, der/die jetzt für dich da sein könnte? Was könnte dir Struktur geben? Was tust du, bis wir uns wieder sprechen?

S – Sinngebung: Ich frage nach dem, was bisher und vielleicht auch noch weiterhin Sinn und Lebensinhalt geben könnte. Wann war es mal gut in deinem Leben? Was hat sich wann verändert?

E – Einbeziehen: Wen kann man noch einbeziehen und so das Helfernetz vergrößern? Wer kann angefragt und gebeten werden, da zu sein? Freunde, Nachbarn, Familie, Paten, Selbsthilfegruppe?

N – Non-Suizid-Vertrag. Zu Beginn habe ich diesem Vertrag selbst nicht vertraut. Was soll das schon bringen? Die Erfahrung hat aber gezeigt, dass sich viele Menschen mit suizidalen Absichten an diesen Vertrag halten. »Versprichst du mir, dich nicht umzubringen, bis wir uns wieder hier sprechen? Ich habe es hier schwarz auf weiß jetzt stehen, das gilt! Gilt es für dich auch?«

Auch nach dem Suizidvertrag ist das Gespräch nicht gleich vorbei. Ich versuche, solange es geht in Kontakt zu bleiben und vereinbare auch gerne außerhalb von Geschäfts- oder Öffnungszeiten der Seelsorge einen Kontakt mit dieser Person: »Schreibe mir morgen um 11 Uhr eine E-Mail.« Oder: »Wir treffen uns morgen noch einmal im Chat oder hier im Videogespräch.«

Es sind übrigens »zwei Tassen Tee«, weil dieser Ablauf gerne wiederholt werden darf in derselben Sitzung und in der nächsten ebenfalls.

Xyz12: Ich weiß nicht, wie ich durch die Nacht kommen soll
Seelsorge: wen kannst du anrufen, damit du in der Nacht Hilfe bekommst?
Xyz12: Ich weiß es nicht
Xyz12: Meine Mutter kann ich damit nicht belasten
Seelsorge: hast du weitere Familie oder Freunde oder gute Bekannte oder so?
Xyz12: Ich habe einen Guten Freund, aber der hat eigene Probleme
Seelsorge: okay. aber vielleicht kannst du ihn trotzdem bitten hier akut für dich da zu sein?
du kannst auch den Krankenwagen rufen oder die Polizei
Xyz12: das könnte ich nie machen
Seelsorge: warum nicht?
Xyz12: Weil ich nicht so schwach sein kann. Entweder ganz oder gar nicht
Seelsorge: das versteh ich nicht, erklär mal
Xyz12: Entweder ich schaffe es allein oder ich sterbe halt. Aber ich will nicht in eine Klinik
Seelsorge: eine klinik ist besser als der Tod, oder nicht?
Xyz12: Der Drang ist gerade einfach so groß …
Seelsorge: ich würde dich gerne unterstützen, wie kann ich dir helfen?
Xyz12: Ich hab einfach das Gefühl, ich schaffe das einfach nicht mehr
Seelsorge: und es gibt nichts, was dich noch hält und dir kraft geben könnte?
Xyz12: Der Gedanke an meine Familie ist das einzige, was das bisher geschafft hat
Seelsorge: wie können wir diesen Gedanken heute Abend stärken?
Xyz12: Ich habe meine Familie sehr lieb, aber der Kampf ist auch so schwer
Seelsorge: ist der Kampf so viel schwerer als die Liebe groß ist?
Xyz12: Ich weiß nicht, ob ich es schaffe, es ihnen zu ersparen
Seelsorge: aber du würdest es gerne?
Xyz12: Ich wünschte, keiner von uns müsste so einen Kampf kämpfen

Es gibt viele Gründe, warum Menschen sich selbst töten wollen. Einige wurden oben schon als Risikofaktoren genannt. Hinzu kommen: finanzielle Sorgen, Gewalterfahrungen, Trennung vom Lebenspartner, Tod Zugehöriger, zunehmendes Alter und Alterserkrankungen, Einsamkeit und soziale Isolation, Abhängigkeiten, vor allem wenn sie mit Schmerzen und der Diagnose »unheilbar« verbunden sind, psychische Erkrankungen …

Häufig geht der Wunsch, sich das Leben zu nehmen, auch mit einer Hilflosigkeit gegenüber den eigenen Gedanken und Gefühlen einher. Deshalb muss es in der Begegnung mit einem Menschen mit Suizidabsichten nicht unbedingt um sein konkretes Thema oder Problem, den Auslöser der Gedanken gehen, sondern vielmehr um die Fähigkeit, die unangenehmen Gedanken und Gefühle wahrzunehmen, zu benennen und ihnen in sich Raum zu geben. Dann können sie auch verabschiedet werden. Es geht also um ein Ankommen im gegenwärtigen Moment und um die Erkenntnis oder Gewissheit, dass die Gedanken zwar als groß und mächtig, (selbst-)kritisch und erdrückend empfunden werden, aber eben nur Gedanken und Gefühle sind und damit auch handhabbar werden.

Leider kann man den Menschen psychische Erkrankungen meistens nicht ansehen. Aus diesem Grund habe ich eine Übersicht der häufigsten psychischen und neurologischen Erkrankungen und Abhängigkeitsstörungen erstellt (Prävalenz). Mir hilft das, aufmerksamer zu werden für die Person, die vor mir sitzt, denn mir war lange nicht bewusst, wie häufig manche Erkrankungen tatsächlich sind (Quellen: https://www.dgppn.de/, https://www.rki.de, https://de.statista.com, https://www.aerzteblatt.de). In Deutschland ist jedes Jahr fast ein Drittel (etwa 27,8 Prozent) der erwachsenen Bevölkerung von einer psychischen Erkrankung betroffen. Das entspricht rund 17,8 Millionen betroffene Personen.

Zu den häufigsten Erkrankungen zählen Angststörungen, gefolgt von affektiven Störungen und Störungen durch (missbräuchlichen) Alkohol- oder Medikamentenkonsum. Menschen mit psychischen Erkrankungen haben im Vergleich zur Allgemeinbevölkerung eine um zehn Jahre verringerte Lebenserwartung. Als Prozentzahlen aufgeschrieben, erscheint die Anzahl der Betroffenen nicht sehr hoch. Werden die Prozente allerdings auf eine Gottesdienstgemeinde von 100 Personen übertragen, dann sind zwei bis drei Menschen zum Beispiel mit einer Panikstörung erkrankt und fast jeder Zehnte leidet an einer Form der Depression. Die sonst jeweils eher anonyme

Erkrankung und nackte Zahl bekommt nun ein Gesicht. Und vielleicht sogar auch einen konkreten Namen in Ihrer Gemeinde? Vielleicht sogar Ihr eigener?
- Angststörungen 20 Prozent (davon bei 20 Prozent chronisch),
- Depression 9 Prozent,
- Panikstörung 2–3 Prozent,
- Zwangsstörungen 2–4 Prozent,
- Borderline 2–6 Prozent,
- Posttraumatische Belastungsstörung – PTBS 3 Prozent,
- Alkoholmissbrauch 4 Prozent Frauen, 18 Prozent Männer,
- Anorexie 1 Prozent,
- Medikamentenmissbrauch 2 Prozent,
- Schizophrenie 1–2 Prozent,
- Alzheimer 2–3 Prozent (bis 74 Jahre), 6 Prozent (75–79 Jahre), 34 Prozent (über 90 Jahre),
- Migräne 13 Prozent Frauen, 7 Prozent Männer.

Natürlich gibt es Unterschiede in der Ausprägung und Stärke der jeweiligen Erkrankung sowie zwischen Frauen und Männern. Diese sind hier nicht immer aufgeführt.

Fakes und Inszenierungen

Der anonyme Online-Raum macht es leicht, sich zu verstellen, eine andere Identität anzunehmen oder eine Rolle zu spielen. Nicht immer handelt es sich dabei um böse Absicht oder bewusste Täuschung. Solche Fakes gibt es natürlich auch. Dahinter verbirgt sich oft der Wille, das Gegenüber zu provozieren und Grenzen auszuloten oder sich mit der Beratung einen Spaß zu erlauben. Weder das eine noch das andere ist natürlich hilfreich, sondern bindet Ressourcen und verhindert vielleicht sogar, dass für echte Ratsuchende weniger oder gar keine Zeit mehr bleibt. Um einen gut gemachten Fake zu erkennen, hilft meistens nur das Bauchgefühl. Einige Kriterien können in der Einschätzung helfen:
- auf widersprüchliche Aussagen achten: Wenn die Person widersprüchliche Aussagen macht oder Geschichten erzählt, die sich nicht miteinander vereinbaren lassen.

- gezielte Fragen stellen, besonders nach Details: Sind Sie sich unsicher, erfragen Sie weitere Details zu den bereits geschilderten Erlebnissen der Person. Vielleicht lassen sich so Fehler oder Widersprüche erkennen.
- auf Sprachmuster achten: Passt die Sprache zur behaupteten Person und Geschichte? Wird sprachlich übertrieben (Jugendsprache, Slang, Deutsch mit gespieltem Akzent und ausländischer Färbung)?

Aber natürlich bleiben Zweifel und Sie müssen nicht Sherlock Holmes sein. Wer in der Seelsorge aktiv ist, weiß, dass es eigentlich nichts gibt, was es nicht gibt, und insofern können Fehler in der Beurteilung vorkommen. Ich plädiere darum für einen transparenten Umgang mit meinem Bauchgefühl und spreche das in der Sitzung oder per E-Mail an. Manchmal hat sich dann schon der Fall erledigt, weil sich die betreffende Person in ihrem Fake enttarnt fühlt und keinen Nutzen mehr daraus ziehen kann, manchmal wird aber auch glaubhaft widersprochen und das Gespräch kann vielleicht auf einer anderen Ebene weitergeführt werden. Dann muss die Zeit es zeigen, ob es doch ein Fake ist oder nicht.

Viel spannender sind aber Inszenierungen, denn hier haben wir es mit Menschen zu tun, die den Online-Raum nutzen, um sich selbst auszuprobieren und ihre eigenen Grenzen zu testen oder der Fachkraft etwas mitteilen wollen. Hier kommt die Unverfügbarkeit des Menschen noch einmal neu ins Bewusstsein und zeigt sich als Möglichkeit kreativer und ermutigender Selbstentwürfe und als Begrenzung von Erwartungen und Urteilen oder Vorurteilen in der Kommunikation. Wir schauen Menschen eben nur vor die Stirn und nicht ins Herz. Denn Inszenierung kann beispielsweise bedeuten, dass eine ratsuchende Person in einer Sitzung bewusst eine Rolle einnimmt, um der beratenden Person oder auch sich selbst leichter von ihrem inneren Erleben zu erzählen, dieses zu visualisieren und sich selbst bewusst zu machen. Dies kann sich in der Art und Weise äußern, wie die Person spricht, sich kleidet oder wie sie sich verhält. So können eher schüchterne Menschen ihre laute Seite zeigen, extrovertierte Erfahrungen mit ihren leisen Anteilen machen. Menschen, deren Gefühle bisher abgewertet wurden, haben hier die

Chance, diese zu zeigen und einen gesunden Kontakt zu sich zu erlernen. Transgeschlechtliche Menschen haben in geschützter Umgebung die Möglichkeit, erste Schritte hin zu einer für sie stimmigen Identität zu gehen. Insofern können Inszenierungen auch bewusst als hilfreiche Übung eingesetzt werden.

Zum Schluss sei noch auf die »dissoziative Identitätsstörung« hingewiesen. Früher nannte man es eine »multiple Persönlichkeitsstörung«. Dabei handelt es sich um eine Störung, bei der eine Person verschiedene Persönlichkeiten in sich beherbergt, die voneinander getrennt sind. Beratende Personen können hier den Eindruck bekommen, es mit einem Fake oder einer Inszenierung zu tun zu haben, da die Person sich möglicherweise in einem Gespräch mit einem Nicknamen als Jugendliche zeigt, beim nächsten Gespräch unter demselben Namen aber als erwachsene Person auftritt. Es ist klar, dass es hier weder ein Fake noch eine Inszenierung ist, sondern es braucht unser Bauchgefühl und unsere empathischen Fragen, um hier nicht vorschnell zu urteilen.

Vielschreiber und Vielschreiberinnen

Kennen Sie das? Da haben Sie die ersten Worte zu Papier gebracht, in einem Brief vielleicht, oder in Ihrem Tagebuch und dann nach anfänglichem Zögern fließen die Worte nur so aus Ihnen heraus und Sie finden kaum ein Ende und wollen das auch gar nicht, weil es einfach gerade guttut, alles mal aufzuschreiben, loszulassen und dabei zu sortieren, zu reflektieren und nochmal alles Revue passieren zu lassen?

So geht es manchen Ratsuchenden in der schriftlichen Seelsorge auch. Vielleicht starten diese Menschen mit einer gewissen Zurückhaltung, aber dann gibt es kein Halten mehr. Vielschreibern und Vielschreiberinnen geht es nicht darum, viel mitzuteilen. Sie wiederholen gerne oder gehen sehr ins Detail, nehmen jedes Nebengleis mit auf und füllen Seite um Seite. Für Beratende kann das schnell zu viel und auch zu anstrengend werden und das nicht, weil man sich nicht auf sein Gegenüber einlassen möchte, sondern weil die Zeit fehlt, aus diesem »Roman« die Informationen herauszufiltern, die für die Auftragsklärung und Auftragsbearbeitung wichtig und zielführend sind. Wenn Sie bei sich also Ermüdungserscheinungen bemerken oder ein leises Stöhnen, weil Herr oder Frau XY schon wieder so viel geschrieben hat, dann arbeiten Sie mit Ihrem inneren Feedback. Bitten Sie zum Beispiel darum, das Geschriebene für Sie zusammenzufassen, die wichtigsten Informationen zu sammeln oder zwei/drei entscheidende Fragen zu formulieren. Beispiel:

Hallo Gast, vielen Dank für deine Zeilen. Du schreibst immer sehr lange Texte. Darf ich dich fragen, was dich antreibt? Ich vermute, dass dir das guttut und es dir hilft, dein Thema zu begreifen. Wenn du selbst deine E-Mail anschaust, was sind für dich die wichtigsten Informationen, die ich auf jeden Fall daraus mitnehmen sollte? Welche zwei oder drei Fragen ergeben sich für dich aus deinem Text?

Im Chat kann man eher mal unterbrechen und die »weiße Fahne schwenken«, wenn der Schreibfluss nicht abebbt. Da hilft schon oft ein einfaches: »Kannst du bitte kurz stoppen? Ich komme nicht so schnell mit.« Im E-Mail-Gespräch geht das nicht so einfach, da ja längere Pausen zwischen den jeweiligen Beiträgen liegen. Darum ist es wichtig, auch hier ehrlich und transparent zu sein und mit dieser Störung kreativ umzugehen, ohne den Kontakt zu belasten, das heißt auch, ohne einen Vorwurf zu formulieren. Vielschreibende Menschen haben ja einen guten Grund, der sie dazu veranlasst, lange, ausführliche oder häufig neue Texte zu schreiben. Darüber möchten wir mit ihnen ins Gespräch kommen, denn oft führt die Selbstwahrnehmung und das Nachdenken darüber bei der ratsuchenden Person zu einem Erkenntnisgewinn und Prozessfortschritt.

Stagnierende Gespräche

Wenn sich das Gespräch im Kreis dreht und irgendwie nicht so richtig vorankommt, wenn Sie als Fachkraft auch bemerken, dass hier doch irgendwas nicht stimmt und Sie Signale von Langeweile oder Ratlosigkeit wahrnehmen, wenn die ratsuchende Person beratungsresistent erscheint oder eher ein Klagender oder Gast ist als ein echter Klient, dann machen Sie das zum Thema im nächsten Gespräch.

Oft ist der Auftrag nicht ausreichend geklärt, der Kompass fehlt und weder Sie noch Ihr Gegenüber haben eine Vorstellung davon, wohin die Reise gehen könnte. Beispielfragen:

Ich habe das Gefühl, wir drehen uns im Kreis und es geht nicht richtig voran. Erleben Sie das auch so? Was meinen Sie, könnte eine Ursache dafür sein? Was meinen Sie, könnte hier helfen und etwas Schwung in die Sache bringen?

Vielleicht kommt dann hier ein Widerstand zu Wort, der davon abhält, warum es keine Veränderung, keinen Fortschritt gibt. Geben Sie diesem Widerstand unbedingt Raum und Zeit. Neben einem unklaren oder auch unentdeckten neuen Auftrag kann es sich auch um äußere Widerstände wie Partnerinnen und Partner oder Zugehörige handeln, die nicht wollen, dass sich die ratsuchende Person verändert. Es können aber auch innere Widerstände, wie blockierende Gedanken und Gefühle sein, die auf der Bremse stehen.

Manchmal hilft nur eine Pause oder sogar ein Abbruch der Seelsorge durch die Fachkraft. Manchmal hilft aber auch ein Settingwechsel. Das heißt, Sie schlagen vor, von der E-Mail in den Chat zu wechseln oder statt des Schreibens mal Sprachnachrichten auszutauschen. Oder Sie versuchen eine paradoxe Intervention: »Was müssen Sie tun, damit Ihr Problem bleibt oder sogar größer wird?«

> Welche Erfahrungen haben Sie selbst mit Krisen gemacht? Was hat Ihnen bei der Bewältigung geholfen, wer hat Sie unterstützt? Sind Krisen für Sie auch Chancen oder eher Abbrüche und Sackgassen? Welche Ressourcen aktivieren Sie für sich, in krisenhaften Zeiten und Umständen?

Grenzen in der digitalen Seelsorge

Niemand muss ein Influencer werden, niemand sollte sich gegen den Willen in einer Chatseelsorge engagieren müssen. Für manche ist der digitale Raum, das Online-Setting, einfach nichts. Es gibt persönliche Gründe, die zu Grenzen in dieser Arbeit werden können. Häufig sind die Gründe altersbedingt und dem Umstand geschuldet, ohne diese Technik und ihrer Möglichkeiten aufgewachsen zu sein. Jüngeren Generationen fällt es oft leichter, sich den immer noch so genannten »Neuen Medien« unbefangen zu nähern und sie für sich und die eigene Arbeit zu nutzen.

Aber natürlich gibt es auch technische Grenzen und Begrenzungen. So ist es nicht möglich, jemandem in der digitalen Begegnung ein Taschentuch zu reichen oder ein Glas Wasser. Man neigt sich nicht gemeinsam über dieselbe Aufstellung auf dem Familienbrett und kann nicht spontan entscheiden, jetzt das Gespräch auf einem Spaziergang fortzusetzen, obwohl das gerade guttäte. Und noch ist es nicht möglich, einen Händedruck oder eine Umarmung technisch so zu vermitteln, dass sie beim Gegenüber auch ankommt und wirkt. Noch müssen wir das beschreiben und in Übungen anleiten, sich selbst zu umarmen oder nach dem Gespräch, die Berührung mit vertrauten Menschen nachzuholen. Die ganze Begegnung findet eben kanalreduziert statt. Und auch wenn wir sicher sein können, dass sich manche dieser haptischen Grenzen in einigen Jahren zum Beispiel durch Handschuhe, Anzüge oder entsprechende Gegenstände aufgelöst haben und diese neuen Erfindungen dafür sorgen werden, dass wir uns doch (virtuell) echt umarmen oder die Hände geben können, so ist es im Moment noch nicht so weit.

Als ratsuchende Person weiß ich nicht unbedingt, wer meine Anfrage lesen wird. Auch kann mir selbst Lesen und Schreiben eher schwerfallen, Missverständnisse sind möglich und in Krisen finde ich kaum spontane, direkte Hilfe. Einer helfenden Person könnte es ähnlich ergehen, denn auch sie weiß nicht, wer auf der anderen Seite der Leitung sitzt und ihr schreibt. Alle Informationen, die ich gerne hätte, muss ich erfragen oder mich damit abfinden, sie nicht direkt zu bekommen. In einem vollanonymen Angebot gilt das auch für die ratsuchende Person. Besonders in akuten Krisen kommt das digitale Setting an seine Grenzen. Für Seelsorgende bedeutet das, nicht so sehr »Herr« der Lage zu sein, wie man es aus einem Gespräch in Präsenz gewohnt ist. Darum verunsichert das Setting auch immer wieder, fordert heraus und fördert die persönliche Reflexion des eigenen Handelns. Dies betrifft auch die Planbarkeit des Arbeitsaufkommens, da Anfragen rund um die Uhr eingehen können.

Die stärkste rote Linie ist für mich dort, wo Grenzverletzungen stattfinden und sie auch trotz freundlichem Bitten oder deutlichen Ermahnungen nicht aufhören. Sexismus, Rassismus, grenzüberschreitendes Verhalten, Mobbing und Hassrede, Homophobie – kommt das in einem Seelsorgegespräch bewusst vor, zielt es gar auf mich und wird es auch nach Ansprache nicht sein gelassen, beende ich die Zusammenarbeit. Weitere Maßnahmen könnten sein, den Zugang dieser Person zum Angebot einzuschränken oder unmöglich zu machen. Das ist aber technisch nicht so leicht und gewährt auch keinen hundertprozentigen Schutz.

Eine weitere starke rote Linie ist da, wo meine Kompetenz endet und ich mich nicht mehr sicher in meinem Tun fühle. Wo ich meiner Sorgfaltspflicht nicht mehr so nachkommen kann, wie ich das eigentlich möchte und wo meine Arbeit nicht mehr den Kriterien der Verantwortung entspricht, die gefordert sind. Dann ist es Zeit, das Gespräch und den Kontakt zu beenden, die ratsuchende Person gegebenenfalls an andere zu verweisen und selbst Supervision und Fortbildung in Anspruch zu nehmen.

Eine dritte rote Linie entsteht da, wo Inhalt und Kanal nicht mehr zusammenpassen. Dieser Eindruck kann von ratsuchenden Personen genauso geäußert werden, wie vonseiten der Seelsorgenden: Sind wir hier noch richtig? Wollen wir hier auf diesem Kanal weiterarbeiten?

Diese und ähnliche Fragen sollten miteinander offen und transparent besprochen werden, wenn zum Beispiel das Gefühl oder der Eindruck entsteht, dass der Kanal nicht mehr zum Anliegen passt.

Vielleicht hat sich im Laufe eines Chatgesprächs durch immer wieder auftretende Pausen in der Kommunikation gezeigt, dass doch eher per E-Mail weitergeschrieben werden sollte. Oder auch genau andersherum, vielleicht braucht es einen direkteren, schnelleren Gesprächsrahmen und man wechselt von der E-Mail zum Chat oder sogar zum Videogespräch.

Vielleicht geschah der erste Kontakt aber auch über einen Messenger oder eine Social-Media-Plattform, sowohl das Kennenlernen als auch der Aufbau einer Vertrauensbasis fand ebenfalls auf diesem Medium statt. Nun aber fühlt sich eine Seite nicht mehr sicher oder nicht mehr einverstanden mit den Bedingungen des Datenschutzes, gerade in Bezug zum Thema und möchte nun auf einen DSGVO-konformeren Kanal wechseln.

Um in solchen Szenarien als Seelsorger sattelfest zu sein, ist es wichtig, schon im Vorfeld konzeptionell verschiedene Qualitätsmerkmale für das Angebot zu definieren. Vier Differenzierungen haben sich hier als hilfreich gezeigt (vgl. Klessmann 2022; EKFuL – Evangelische Konferenz für Familien- und Lebensberatung e. V. 2015):

Konzeptqualität: Für die Arbeit braucht es eine Konzeption, also eine schriftliche Ausarbeitung und Reflexion darüber, was angeboten oder geleistet und wie es umgesetzt wird oder gesteckte Ziele erreicht werden sollen und auch, wie darüber öffentlich berichtet werden soll. Hier fließen auch Grundlagenpapiere eines Trägers mit ein, gesetzliche Vorgaben, örtliche Besonderheiten und eigene Ideale.

Strukturqualität: Was braucht es technisch, räumlich, organisatorisch, um das Angebot durchführen zu können und das Konzept umzusetzen? Welche fachlichen Qualifikationen sind nötig und gegebenenfalls zu erwerben?

Prozessqualität: Hier wird nach der laufenden Qualitätssicherung des Angebots gefragt. Welche Fort- und Weiterbildungsmöglichkeiten gibt es? Wie steht es um den Datenschutz? Werden Supervision, kollegiale Beratung, Fallbesprechungen oder Ähnliches angeboten? Gibt es ein Beschwerdemanagement?

Ergebnisqualität: Werden die Ziele auch erreicht und das Konzept erfolgreich umgesetzt? Ob die Arbeit oder das Angebot passt oder was verändert und verbessert werden darf, findet eine Evaluation der

Gespräche anhand von Befragungen der beteiligten Personen heraus. Außerdem geht es bei der Ergebnisqualität um die statistische Dokumentation und Auswertung der erhobenen Daten.

Damit ratsuchende Personen schnell erkennen, was dem Seelsorgeangebot wichtig ist, sind kurzgefasste Leitlinien hilfreich. Hier ein Beispiel:

Unsere digitale Seelsorge ...
... ist für alle Menschen offen.
... sieht den Menschen kontextuell.
... erdet und bringt den Menschen mit sich, der Schöpfung und seiner Spiritualität in Kontakt.
... schätzt Menschen kultursensibel in ihrem Lebens- und Glaubensweg wert.
... ist Hilfe zur Selbsthilfe.
... nutzt reflektiert alle zur Verfügung stehenden Kanäle und Medien.
... nimmt Supervision in Anspruch.
... ist verschwiegen.
... kann zur Salutogenese beitragen.
... ist gut ausgebildet.
... kann zwischen Tür und Angel stattfinden.

Gespräche beenden

Seelsorgende: war schön mit dir zu schreiben
Ratsuchende: Ja, dann kämpfe ich mal, dass ich meine Therapie fortsetzen kann …
Seelsorgende: ja, ich drück dir die daumen!
Ratsuchende: ja, danke; ich fand es auch schön mit dir zu schreiben
Seelsorgende: prima! Danke!
Ratsuchende: darf ich wieder anfragen, wenn du wieder im chat bist?
Seelsorgende: na klar!
Ratsuchende: nicht zu belastend?
Seelsorgende: nein, damit komme ich zurecht. aber nett, dass du fragst.
Ratsuchende: Dann verabschiede ich mich jetzt. Hab vielen lieben Dank!
Seelsorgende: Gerne! Gute Nacht und bis dann!
Ratsuchende hat den Chat verlassen.

Es fällt nicht immer leicht, ein Gespräch zu beenden. Das Thema ist wichtig, das Joining gelungen, die Zusammenarbeit klappt – wer mag da schon so genau auf die Uhr schauen? Und wer mag da schon ein gut fließendes, produktives Gespräch unterbrechen, nur weil eine Uhr sagt, die Zeit sei vorbei? Gerade wenn es bei einem selbst vielleicht auf fünf Minuten nicht ankommt oder der zeitliche Rahmen von vornherein eine etwas lockere Handhabung ermöglicht, kann man sich mit dem Abschluss eines Gesprächs schon schwertun. Manchmal hilft da auch die Ansage nicht, dass sich das Gespräch nun bald dem Ende zuneigen muss. Oft kommen die intensiven und persönlichen Themen erst kurz vor Schluss zur Sprache. Seelsorgende und Ratsuchende haben nun erst recht das Gefühl, gut miteinander zu arbeiten und vertrauensvoll aufeinander bezogen zu sein. Wie gelingt es, das Gespräch zu beenden, ohne zu verletzen und ohne den Kontakt oder gar das Vertrauen zu belasten? Um es vorweg zu schreiben: Manchmal gelingt das nicht. Und es gehört zur persönlichen Professionalität, sich davon nicht abschrecken zu lassen. Wir haben es als Seelsorgende nicht in der Hand, wie oder was am Ende die Menschen von uns denken. Wir können nur unsere Arbeit so gut und so gerne tun, wie wir es eben können. Zur Professionalität gehört es jedoch auch, Grenzen zu setzen, und eine davon ist, die Zeit im Blick zu behalten und den zeitlichen Rahmen möglichst einzuhalten. Das hat zunächst etwas mit Wertschätzung uns selbst und unserer Arbeit, aber auch den Klienten gegenüber zu tun. Diese Wertschätzung findet unter anderem ihren Ausdruck in einer Verlässlichkeit und Transparenz, die auch die Uhr miteinschließt.

Die Dauer eines Gesprächstermins im Chat- oder Videogespräch sollte gleich zu Beginn mitgeteilt oder (gemeinsam) festgelegt werden. Genauso wie in der E-Mail-Beratung die Frequenz der Antworten angesprochen werden sollte. Das gehört mit zur Klärung des Settings. In der synchronen Beratung kann dabei vielleicht folgender Satz helfen: »Wie Sie ja wissen, haben wir insgesamt 45 Minuten Zeit. Ich habe hier eine Uhr stehen und werde ungefähr zehn Minuten vor Schluss auf das Gesprächsende hinweisen, dann kommt es nicht so überraschend.«

In diesen letzten zehn Minuten ist dann Gelegenheit, das Gespräch in Ruhe ausklingen zu lassen, gewonnene Einsichten festzuhalten und weitere nächste Schritte zu planen. Vor allem ist wichtig, dass damit signalisiert wird, wer die Zeitplanung in Händen hält und das ist weder das Thema noch die ratsuchende Person. Verantwortlich für den Prozess bleiben jeweils wir Seelsorgende. Und wenn es sich dann doch zeigt, dass fünf weitere Minuten hilfreich wären, können sie nun nach Möglichkeit bewusst freigegeben werden.

Hilfreich können auch folgende Sätze sein:

Ich weiß, wir sind jetzt gerade so richtig mittendrin im Thema, aber leider geht unsere Zeit gleich zu Ende. Wollen wir schon mal einen Blick darauf werfen, was Sie aus diesem Gespräch für sich mitnehmen werden?
Wir müssen leider zum Ende kommen. Die Zeit ist gleich vorbei. Was ist Ihnen noch so wichtig, dass wir es jetzt ansprechen sollten?

Wir verabschieden also freundlich, aber bestimmt und leiten dann über in die Planung eines nächsten Termins, wenn denn einer stattfinden soll. Mit derselben Haltung beginnen wir auch ein Gespräch und achten auf einen pünktlichen Start. Wichtig ist, dass wir die Prozessgestaltung nicht aus den Händen geben. Hierdurch zeigen wir auch, dass wir verlässliche und sichere Partnerinnen und Partner in der Seelsorge sind.

Dass Ratsuchende ein Gespräch von sich aus beenden oder sogar den Kontakt abbrechen, ist für Seelsorgende mitunter belastend. Man hat sich schließlich Mühe gegeben, war mit Herzblut und Engagement dabei und hatte vielleicht sogar zu manchen Zeiten das Gefühl, alles liefe gut und sei für die ratsuchende Person hilfreich und fruchtbringend. Wenn dann ohne Vorwarnung und vor allem ohne Begründung eine E-Mail nicht beantwortet wird, das Chatgespräch nicht erwidert oder das Videogespräch abmeldet wird, bleibt man verwirrt zurück. Online vielleicht noch mehr als in Präsenz, da uns zum Verständnis dieser Situation meistens einige Informationen, wie Gestik und Mimik, Körperhaltung, Stimmfärbung und mehr fehlen. Es bleibt uns nur, den Abbruch anzunehmen und das bisherige Gespräch zu reflektieren. Gründe für einen plötzlichen Kontaktabbruch kann es viele geben:

- Die ratsuchende Person hat eine Lösung für das Problem gefunden.
- Die ratsuchende Person hat eine andere Beratung in Anspruch genommen, hat also gewechselt.
- Die ratsuchende Person hat eine Beratung in Präsenz begonnen.
- Das Online-Setting insgesamt entspricht ihr oder gefällt nicht mehr.
- Sie ist erkrankt oder in einer Klinik oder verstorben.
- Die letzte Antwort der ratgebenden Person hat ihr nicht gefallen.
- Andere Umstände im Leben der Person verhindern eine weitere Teilnahme.

Manchmal aber ist ein Abbruch doch nicht von Dauer. Nach Wochen oder Monaten, manchmal sogar Jahren meldet sich die Person wieder und möchte an den bisherigen Austausch anknüpfen. Fragen Sie sich dann, ob Sie das selbst auch möchten und wenn ja, welche

Bedingungen dafür erfüllt sein müssten. Sie könnten also zum Beispiel antworten: Ich habe jetzt so lange nichts von Ihnen gelesen und freue mich, dass es Ihnen so weit gut geht. Um das Gespräch wieder aufzunehmen, möchte ich aber gerne tatsächlich mit Ihnen wieder neu beginnen, wenn Sie das auch möchten. Sollten Sie mit mir weiterarbeiten wollen, müssten wir unser Miteinander besprechen.

Ein neues Joining und eine aktuelle Auftragsklärung ist nach langer Pause ohnehin nötig, auch um zu erfahren, was sich aufseiten der ratsuchenden Person ereignet, verändert und ergeben hat und was jetzt neu wachsen, erreicht werden soll oder gewollt ist. Sie können dieses Wiederanknüpfen auch nutzen, um den Fall vielleicht an eine Kollegin oder einen Kollegen abzugeben.

Für die Seelsorge ist außerdem hier zu klären, wie lange Protokolle und Beratungsinhalte und auch Konten von Ratsuchenden gespeichert und aufbewahrt werden sollen.

Datenschutz und Schweigepflicht

Datenschutz ist im Internet ein so wichtiges wie schwieriges Thema. Natürlich möchten wir, dass gerade in der Seelsorge ein hoher Datenschutz und eine umfangreiche Transparenz im Umgang mit den persönlichen Daten gezeigt wird. Gleichzeitig sind wir aber auch auf Social-Media-Plattformen unterwegs, nutzen kostenfreie Messenger-Dienste und akzeptieren mit einem Mausklick Cookie-Regelungen, deren Inhalt wir weder lesen noch verstehen würden und deren Folgen wir darum nicht abschätzen können. Angeblich reicht einem Online-Händler wie Amazon ein einziger Einkauf, um die wichtigsten Daten seiner Kunden zu kennen: Alter, Geschlecht, Wohnort, Familienstand, Vermögen, genaue Interessen. Die Daten, die wir liefern, sind für solche Firmen wohl wichtiger als die Produkte, die wir kaufen. Was würde sonst den enormen Aufwand erklären, der betrieben wird, um alles zu sammeln, zu speichern und auszuwerten? Und die kostenfreien Apps und Anwendungen finanzieren wir meistens durch unsere Daten, die wir als Nutzende liefern. Das alles sollte uns entsprechend skeptisch und vorsichtig sein lassen. Es hält aber die meisten nicht davon ab, online aktiv zu sein. Vielleicht kennen wir das von uns als Seelsorgende auch. Dienstlich nutzen wir natürlich nur datenschutzkonforme Zugänge und Dienste, während gleichzeitig die Smartwatch am Handgelenk unsere Vitaldaten in eine App einträgt und auf irgendwelche Server in irgendeinem Land hochlädt.

Ich finde es wichtig, diese Diskrepanz, ja Widersprüchlichkeit im Verhalten wahrzunehmen und wertzuschätzen. Beides spiegelt unser Leben und unsere Bedürfnisse oder Wünsche wider. Das Leben soll sicher, aber auch leicht und unkompliziert sein und Technik soll sich möglichst reibungslos, wie selbstverständlich, in den Alltag integrieren lassen. Gleichzeitig bedeutet das natürlich nicht, in unseren

Seelsorgeangeboten von einem rechtskonformen Datenschutz und entsprechender Datensicherheit abzusehen. Aber diese wichtigen Bemühungen sollen und dürfen uns auch nicht von den Menschen und ihren Kontexten, ihren Sorgen, Problemen und Herausforderungen auf Abstand halten oder den Kontakt zu ihnen kosten.

Die Datensicherheit ist in diesem Zusammenhang vielleicht noch am einfachsten und verständlichsten herzustellen, denn dabei handelt es sich um technische und organisatorische Maßnahmen (TOM), die dafür sorgen, dass sowohl der Datentransport als auch die Datenspeicherung gemäß Art. 32 Abs. 1 DSGVO eingerichtet wurde unter »Berücksichtigung des Stands der Technik, der Implementierungskosten und der Art, des Umfangs, der Umstände und der Zwecke der Verarbeitung sowie der unterschiedlichen Eintrittswahrscheinlichkeit und Schwere des Risikos für die Rechte und Freiheiten natürlicher Personen«.

Zu den technisch-organisatorischen Maßnahmen zählen zum Beispiel:
- Zutrittskontrolle zu den Serverstandorten,
- Fenster- und Türsicherungen, Alarmanlagen,
- Verpflichtungen auf das Datengeheimnis,
- Richtlinien für die Nutzeranmeldung/Benutzerkonten,
- Richtlinien für die Nutzung der IT, inklusive mobiler Geräte,
- Anweisungen zur Speicherung und Entsorgung von Dokumenten mit personenbezogenen Daten.

Der Datenschutz (BDSG-neu und DSGVO) kümmert sich um den Schutz personenbezogener Daten. Damit sind laut § 4 DSGVO »alle Informationen (gemeint), die sich auf eine identifizierte oder identifizierbare natürliche Person (im Folgenden ›betroffene Person‹) beziehen; als identifizierbar wird eine natürliche Person angesehen, die direkt oder indirekt, insbesondere mittels Zuordnung zu einer Kennung wie einem Namen, zu einer Kennnummer, zu Standortdaten, zu einer Online-Kennung oder zu einem oder mehreren besonderen Merkmalen, die Ausdruck der physischen, physiologischen, genetischen, psychischen, wirtschaftlichen, kulturellen oder sozialen Identität dieser natürlichen Person sind, identifiziert werden kann«.

Personenbezogene Daten sind also Informationen, die sich auf eine identifizierte oder identifizierbare natürliche Person beziehen und diese unverwechselbar beschreiben. Datenschutz ist so in erster Linie mit dem Recht auf informationelle Selbstbestimmung verbunden. Das bedeutet, dass jeder Mensch das Recht hat, selbst zu entscheiden, wer welche Informationen über ihn oder sie erhält, wie diese Informationen genutzt werden und welche Daten über ihn oder sie gespeichert werden. Datenschutz soll sicherstellen, dass das Recht auf informationelle Selbstbestimmung respektiert wird und dass die Verarbeitung personenbezogener Daten in Übereinstimmung mit den Grundsätzen der Rechtmäßigkeit, Transparenz, Zweckbindung, Datensparsamkeit, Richtigkeit, Speicherbegrenzung, Integrität und Vertraulichkeit erfolgt. Es geht um das Recht, dass jeder Mensch die Kontrolle über seine eigenen Daten behält und selbst entscheidet, wer welche Informationen über ihn oder sie erhält.

Transparenz ist darum das oberste Gebot und eine allgemeinverständliche Erklärung darüber, wie mit den Daten umgegangen wird, die in der Seelsorge natürlicherweise anfallen, und gehört deshalb in jedes Datenschutzkonzept. Und das betrifft nicht nur die Daten, also die Inhalte aus den Gesprächen, sondern auch die Dauer der Speicherung und den Umgang damit bei Erkrankung oder Ausfall eines Seelsorgers oder einer Seelsorgerin.

Ratsuchende Personen sollten außerdem zur Anonymisierung oder Pseudonymisierung ihrer Person (Nickname) aufgefordert werden. Beides erschwert die Zuordnung der Daten zu einer (ihrer) konkreten Person. Für den Anmeldeprozess auf einer Beratungsplattform sollten E-Mail-Adressen ohne persönlichen Bezug genutzt werden. Hier sind willkürliche Zahlen- und Buchstabenkombinationen als E-Mailbezeichnung bei freien Anbietern hilfreich. Die Übermittlung der eigenen IP-Adresse kann durch einen virtuellen oder echten VPN-Tunnel verschleiert und sogar einem anderen Land zugeordnet werden. Eine hundertprozentige Sicherheit gibt es natürlich nicht, aber auf diese Weise sind nach Aufklärung und persönlicher Entscheidung und Verantwortung vielleicht doch Webseiten in Seelsorge nutzbar, die nicht unter eines der kirchlichen Datenschutzkriterien fallen. Es ist jedoch zu beachten, dass Daten, die auf den ersten Blick nicht mehr personenbezogen erscheinen, möglicherweise durch die Kombination mit anderen Informationen oder durch einen Datenabgleich mit anderen Datenquellen doch Rückschlüsse auf eine Person ermöglichen können und so zu personenbezogen Daten werden. Diese Herangehensweise ist mir deswegen wichtig, weil es Situationen gibt, für die unter anderem (noch) kein EKD-DSG konformes Tool zur Verfügung steht oder es sich um ein Werkzeug handelt, mit dem sich die ratsuchende Person gut auskennt und wohlfühlt oder es zu meinen persönlichen Highlights gehört oder es eben gut zum Thema passt. Darum suche ich, gut systemisch, nach Wegen, meine Handlungsräume zu erweitern und zu öffnen.

Unabhängig von Datenschutz und Datensicherheit gehört zur Seelsorge die Verschwiegenheit. Sie ist staatlich durch das Strafgesetzbuch, § 203 StGB, und evangelisch durch das Seelsorgegeheimnisgesetz (SeelGG) bzw. katholisch durch das Beichtgeheimnis geregelt. In den §§ 9–12 SeelGG wird die Verschwiegenheit genauer beschrieben und auch die digitale Seelsorge mitbenannt. Die Beichte gilt als »unverbrüchlich« (§ 2), weshalb Seelsorgerinnen und Seelsorger auch unter einem besonderen Schutz der Kirche stehen (§ 7). Dies entbindet sie jedoch nicht von der Anzeigepflicht, wenn ihnen glaubhaft von einer geplanten Straftat berichtet wird (§ 138–139 StGB). An dieser Stelle ist also für eine besondere Transparenz zu sorgen und die Verpflichtung zur Anzeige anzusprechen.

Lediglich Geistliche sind hiervon ausgenommen, wenn sie in ihrer Funktion als Seelsorgerin oder Seelsorger davon Kenntnis bekommen haben (§ 139,2 StGB). Wie realistisch es ist, dass diese Anzeigepflicht in der digitalen Seelsorge zur Durchsetzung kommen kann, wird wohl nur individuell zu klären sein. Denn erstens muss die geplante Straftat »glaubhaft« mitgeteilt werden, was nicht so leicht zu bestimmen sein wird, und zweitens ist eine Identifizierung des Absenders nötig, was bei Anonymisierung und Verschleierung natürlich entsprechend schwerfallen dürfte. Im Fall des Falles sollte also mit Kolleginnen oder Kollegen oder Vorgesetzten gesprochen und sich abgestimmt werden, sofern diese auch der Verschwiegenheit unterliegen. Fällt die Entscheidung zugunsten eines Gesprächs mit der Polizei aus, kann unter Umständen der »rechtfertigende Notstand« (§ 34 StGB) geltend gemacht werden.

Eine Schweigepflichtentbindung wird in diesen Fällen eher nicht gewährt werden. Sie ist darüber hinaus aber ein notwendiges Mittel, um in Gesprächen und Seelsorgeprozessen andere Personen, auch medizinische Fachleute, hinzuziehen zu können. Es sollte klar sein, dass dadurch eine gewählte Anonymität im Seelsorgegespräch aufgehoben werden muss.

Eine Vereinbarung zur Verschwiegenheit kann übrigens auch die ratsuchenden Personen miteinschließen und sie zur Geheimhaltung verpflichten, um Screenshots oder sonstige Gesprächsmitschnitte und ihre Weitergabe oder Veröffentlichung möglichst zu verhindern.

Digitale Seelsorge in der Kirchengemeinde

Mit der steigenden Bedeutung von Digitalisierung allgemein stellt sich irgendwann ganz automatisch die Frage, ob und wie auch die Seelsorge in einer Kirchengemeinde digitalisiert werden kann. Könnten Kasualgespräche (hybrid) geführt werden? Wären Geburtstagsbesuche digital denkbar? Könnte es eine Art »Seelsorgliche Sprechstunde« geben? Oder ist das alles total verrückt und es handelt sich bei der Digitalisierung in der Kirchengemeinde eigentlich um ein weiteres Einsatzfeld für bereits überlastete Mitarbeiterinnen und Mitarbeiter, etwas, das sie nun auch noch zusätzlich zu allem anderen leisten sollen?

Eine ehrliche Bestandsaufnahme ist hier zielführend. Denn eine weitere Belastung soll es natürlich nicht sein und auch nicht werden. Darum ist eine der wichtigsten Fragen zu Beginn: Wollen wir das wirklich? Und mit welchen Hoffnungen verbinden wir gemeindlich unser Engagement? Wer das für sich strikt ablehnt, sollte es auch tatsächlich besser lassen. Eine gewisse Grundbereitschaft, ich würde auch sagen, eine gewisse Begeisterung für den Einsatz digitaler Mittel sollte vorhanden sein. Mindestens aber eine Affinität zu digitaler Kommunikation und den dafür nötigen Geräten. Nachdem die grundsätzliche Entscheidung dann gefallen ist, kann ein nächster Schritt darin liegen, die Chancen und Möglichkeiten dazu auszuloten und die eigene Kirchengemeinde noch einmal neu und zwar digital kennenzulernen. Wer ist eigentlich wann digital wo unterwegs? Welche Messenger werden in den jeweiligen Altersgruppen genutzt? Welche Social-Media-Plattformen sind bei wem beliebt, welche Apps sind in Gebrauch? Und gibt es Dorf-Apps, wie »Dorf Funk« oder Ortsgruppen zum Beispiel bei Facebook? Wie und wo kommunizieren die Vereine mit ihren Mitgliedern? Wie die politische Gemeinde? Und vielleicht gibt es auch Menschen im Stadtteil oder im Ort, die besonders aktiv im Internet sind, Influencer vielleicht oder Online-Händler? Ein Kontakt zu diesen Personen ist sicher hilfreich und bietet in einem Gespräch nochmal wertvolle weitere Informationen für die digitale Landkarte der Kirchengemeinde. Wie ist das digitale Leben im Ort? Das Nutzungsverhalten darf also Thema in der Kirche werden, damit ein Eindruck von dem entsteht, was längst Realität und Alltag ist. An eine solche Bestandsaufnahme schließt sich dann die Frage an, was das für die Arbeit in und durch die Kirchengemeinde bedeutet und gegebenenfalls auch ändert. Welche Konsequenzen lassen sich daraus ziehen? Wenn dann die Lust und der Mut zum Ausprobieren auf die ersten Daten und Ideen trifft, können Testballone geplant und die Gemeinde als solche miteingebunden werden. Manche ersten Schritte in den digitalen Raum begannen während der Pandemie mit der Übertragung von Gottesdiensten. Viele wurden live gestreamt, andere aufgezeichnet und dann zum Abruf freigegeben. Vielleicht passt jetzt eine digitale Sprechstunde als Videogespräch, als Chat? Oder Einzelgespräche, Expertenchats und anderes mehr.

Es geht darum, sich als Kirchengemeinde der digitalen Seite des Lebens zu öffnen, diese überhaupt erst wahrzunehmen, wertzuschätzen und erste kleine Schritte in diesen Raum hineinzuwagen. Natürlich sollte das möglichst professionell geschehen und gut gemacht sein, niemand möchte verwackelte Bilder sehen oder schlechten Ton hören. Man sollte sich aber auch nicht von zu viel Hochglanz und Heldengeschichten anderer abschrecken lassen. »Versuch macht kluch«, wie man so sagt. Es geht um das, was lokal möglich ist und zum eigenen Stil passt. »Von uns, für uns« sozusagen. Was können wir leisten und wen wollen wir damit erreichen, wem etwas Gutes tun und wie? Was also könnte inhaltlich zu uns passen?

Abgucken ist erlaubt! Was machen andere? Womit sind sie erfolgreich und wie waren ihre Erfahrungen? Fangen Sie gerne klein an: ein regelmäßiges Segenswort, der Bibeltext der Woche, ein Gebet, eine gute Geschichte oder etwas Ortsbezogenes. Weniger ist mehr. Und das dafür gut gemacht, mit Liebe und Engagement.

Vielleicht engagiert man sich also erst einmal mehr auf einer der Social-Media-Plattformen, nimmt aktiver an einer Ortsgruppe teil und zeigt sich präsent und ansprechbar, sensibilisiert und aufmerksam für seelsorgliche Momente, Anfragen und Gespräche. Daraus können dann regelmäßig erscheinende Angebote wachsen, kurze Filme auf einem passenden Kanal, wie YouTube, TikTok oder Instagram zu aktuellen Themen aus seelsorglicher Perspektive. Was können wir streamen? Was sollten wir besser aufzeichnen und zum Abruf anbieten?

Oft heißt es, Seelsorge im Internet darzustellen und von oder über sie zu berichten, sei schwierig, weil es ja so privat und persönlich sei. Das stimmt natürlich. Verschwiegenheit und Schutz der persönlichen Daten sind essenziell. Aber Seelsorge ist auch keine Geheimwissenschaft, sondern braucht genauso Transparenz und Öffentlichkeit. Deshalb können und sollen wir über die Art und Weise und die Methoden der Seelsorge berichten, ohne gleichzeitig personenbezogene Inhalte preisgeben zu müssen. Menschen möchten und sollen wissen, was da in der Seelsorge passiert, wie sie abläuft, welche Themen besprochen werden können und wie es um die Qualität des Angebots und die Qualifizierung der Seelsorgenden bestellt ist. Hier sind wir als Kirche und Seelsorgende auch rechenschaftspflichtig. Inhalte, also die Lebens- und Leidensgeschichten, lassen sich so anonymisieren und neu erzählen, dass niemand mehr erahnen kann, um wen es tatsächlich mal gegangen ist oder wer Ratsuchende in der Seelsorge war.

Wer anfängt auf Social Media zu veröffentlichen, sollte sich eine Regelmäßigkeit angewöhnen und möglichst immer am selben Tag, zur selben Zeit ein neues Video oder einen neuen Text hochladen. Bei den Followern, also den Personen, die dem Kanal dann folgen (sollen), sorgt das für Verlässlichkeit und bei gut gemachten Inhalten auch für eine Art Vorfreude. Nutzen Sie den Wiedererkennungseffekt auch für die Bewerbung des Angebots. Welcher Tag der jeweils richtige ist, muss vor Ort ausprobiert werden, Follower geben da gerne Rückmeldungen. Es gibt keine magische Formel, um den perfekten Zeitpunkt für das Posten von Inhalten auf Social-Media-Plattformen zu bestimmen, da dies von vielen Faktoren abhängt, wie zum Beispiel der Zielgruppe, der Plattform, dem Inhaltstyp und dem Thema. Hier sind jedoch einige allgemeine Empfehlungen für die besten Zeiten, um auf beliebten Social-Media-Plattformen zu posten:

Facebook: Wenn Sie zwischen 13 Uhr und 16 Uhr oder abends posten, erreichen Sie wahrscheinlich die meisten Menschen, vor allem von Donnerstag bis Sonntag. Allerdings ist die Reichweite auf

Facebook in den letzten Jahren stark gesunken und der Algorithmus zeigt standardmäßig die »Top-Meldungen« an, die nicht unbedingt chronologisch aufgeführt sind.

Instagram: Posten Sie zwischen 9 Uhr und 13 Uhr oder zwischen 18 Uhr und 21 Uhr an Wochentagen, wobei Montag, Mittwoch und Donnerstag wohl die besten Tage sind. Beachten Sie, dass Instagram auch eine Abhängigkeit von der Zielgruppe hat.

TikTok: Besonders stark sind hier wohl der Dienstag, Mittwoch und Donnerstag von 13 Uhr bis 15 Uhr.

Twitter: Posten Sie in der Mittagspause zwischen 12 Uhr und 15 Uhr an Werktagen. Vermeiden Sie das Posten außerhalb der Arbeitszeiten.

LinkedIn: Posten Sie zwischen 9 Uhr und 11 Uhr an Werktagen und eher nicht am Wochenende, da LinkedIn den Fokus auf das berufliche Netzwerken legt.

(Quellen: https://blog.hubspot.de/marketing/social-media-post-zeiten und https://www.oberlo.de/blog/beste-zeit-zum-posten)

Natürlich sind dies nur allgemeine Empfehlungen. Letztlich sollte man vor Ort selbst durch Experimentieren mit unterschiedlichen Zeiten und Tagen herausfinden, wann die eigene Zielgruppe am aktivsten ist und Inhalte wahrnimmt oder darauf reagiert.

Vergessen Sie nicht, Rückmeldungen und Statistiken regelmäßig auszuwerten. Dafür ist es hilfreich, Ihr Konto auf Instagram zu einem »Creator-Konto« umzuwandeln, da Sie so mehr Möglichkeiten zur Entwicklung Ihres Angebots haben. Wen erreichen wir eigentlich mit unserer Arbeit? So erhalten Sie ein gutes Bild von dem, was in Ihrer Gemeinde ankommt und die Menschen anspricht und interessiert. Trauen Sie sich, Fehler zu machen, denn sie sind Teil des Weges zum Erfolg. Probieren Sie sich selbst aus, den Kanal, mit dem Sie arbeiten wollen und dem dazu passenden Medium. Lassen Sie sich nicht unterkriegen und gehen Sie mutig und beständig Ihren Weg.

Aus den Rückmeldungen und Auswertungen entwickelt sich nach und nach eine gewisse Priorisierung der Aufgaben und Angebote. Das, was nicht so gut läuft, machen Sie selten oder gar nicht. Das, was ankommt, machen Sie öfter. Vielleicht strahlt dieses Priorisieren dann auch auf die weitere Gemeindearbeit aus. Die Digitalisierung ist häufig ein Stresstest auch für unsere analoge Arbeit und hilft sortieren und trennen. Und hoffentlich kommt dann auch die Gewissheit auf, dass digitale Arbeit eben nicht etwas ist, was man auch noch tun muss. Es darf dafür vielmehr anderes wegfallen, darin aufgehen, sich verändern oder weniger werden. Und man erreicht oft Menschen, die vorher gar nicht im Blick der Kirchengemeinde waren. Auch schön!

Bieten Sie auch digitale Seelsorge im Einzel- oder Gruppenformat an. Die Landeskirche Hannovers hat mit finanzieller Unterstützung der EKD das sogenannte »Digitale Haus der Seelsorge und Beratung« entwickelt (Infos: https://www.digihaus.online/). Unter dem Namen »Ankerplatz – dein Ort für digitale Seelsorge und Beratung« bietet es eine digitale Infrastruktur zur datenschutzkonformen Seelsorge und Beratung an, die jede Kirchengemeinde und auch jede Beratungsstelle in ihre eigene Homepage einbinden und nutzen kann. Es stehen dann die Kanäle Chat, E-Mail und Videogespräch zur Verfügung. Darüber hinaus gibt es auf dem Portal, der Website im Internet, die Möglichkeit sich als ratsuchender Mensch mit einer Seelsorgerin oder einem Seelsorger zu vernetzen und zu einem Gespräch zu verabreden. Geplant ist eine weitere Ausbaustufe des »Ankerplatzes«, welche ein Online-Magazin sowie einen Webinar-Bereich beinhaltet. Beide Funktionen können nicht nur für interne Fortbildungen und Supervisionen genutzt werden, sondern stehen auch allen anderen Interessierten zur Verfügung. Um den aktuellen Anforderungen gerecht zu werden, wird sich das Erscheinungsbild des »Ankerplatzes« an das genutzte Endgerät anpassen und somit auch mobil über Smartphones oder Tablets erreichbar sein. Ein Intranet mit Mitarbeiterplanung und Terminverwaltung ergänzt das Angebot des »Ankerplatzes«. Die EKD-Datenschutzkonformität sowie ein differenziertes Rollen- und Rechtesystem stellen sicher, dass der notwendige Schutz gewährleistet ist. Ziel ist es, die Seelsorge und Beratung mit einer starken Infrastruktur zu fördern und neue Wege zu ermöglichen.

Der Ankerplatz und natürlich auch andere geeignete Angebote, lassen sich auch für digitale Kasualgespräche nutzen. Diese können auch hybrid durchgeführt oder »blended« mit entsprechenden Mitteln genutzt werden. Wenn also zum Beispiel ein Angehöriger aus Termingründen beim Trauergespräch vor Ort nicht dabei sein kann, so ließe er sich online zuschalten und könnte dennoch am Gespräch teilnehmen. Schaut man über den Tellerrand, in die USA zum Beispiel, so werden über die digitalen Kanäle auch Hochzeiten und Aussegnungen durchgeführt. Digitale Seelsorge hat längst die Krankenhäuser erreicht und nutzt für die eigene Arbeit auch Apps, Filme, Podcasts, Spiele oder künstliche Intelligenz (siehe z. B. https://telechaplaincy.io/). Manchmal muss man sich vielleicht nur trauen und neue Wege und unkonventionelle Methoden wagen. Und manchmal sorgt vielleicht auch erst ein Angebot für eine entsprechende, sich langsam entwickelnde neue Nachfrage, von der wir ohne sie noch gar nicht zu denken oder träumen gewagt hätten.

Auf Facebook eignet sich als Kommunikationsstart die Gratulation zum Geburtstag. So manches Mal entwickelt sich daraus ein kurzer Chat: Die Gemeindemitglieder erfahren so, dass Kirche und ihre Seelsorgerinnen und Seelsorger auf Facebook ansprechbar sind. Und immer wieder, so die Erfahrung, entspringt aus solchen ersten Chats ein Seelsorgegespräch.

Digitale Seelsorge in einer Kirchengemeinde braucht Zeit und darf behutsam und beständig eingepflegt und eingeübt werden. Vertrauen braucht Zeit und Verlässlichkeit. Dann aber wächst es. Wenn es sich dann bewährt hat, wird man sich schnell fragen, wie es vorher jemals ohne ging.

Ein Versuch wäre es wert. Am wichtigsten aber scheint mir, ein Herz für die Seelsorge zu entwickeln und sie mit Leidenschaft zu leben. Ob es dann Predigtnachgespräche sind oder Konfirmandenunterricht, gemeinsames Bibellesen per Messenger oder Facebook-Gruppe, digitale Hausbesuche, Newsletter mit konkret seelsorglichem Bezug und Inhalt, Videos, Blogs/Artikel, Podcasts, Social-Media-Auftritte, Lebenshilfe und Seelsorgeangebote für Einzelne oder Gruppen, Angebote in Spiritualität oder die Zusammenarbeit mit anderen Gemeinden, Gruppen und Kreisen auch über die geografischen Grenzen hinweg, die für die Seelsorge verantwortlichen Personen und jede Gemeinde wird ihren eigenen Weg finden und gehen können. Und vielleicht entwickelt sogar jemand den Mut, von sich selbst zu berichten. Von persönlichen Gedanken, Gefühlen, Sorgen und Erlebnissen, übers Scheitern und Erfolge feiern, über Zweifeln und Glauben, von Träumen und Albträumen. Einige »Sinnfluencer« habe ich im Kapitel »Social Media« aufgeführt. An ihnen kann man sich orientieren und sich auf ihren Kanälen auch erst einmal informieren. Viele Menschen suchen nach Personen, an denen sie sich orientieren oder von denen sie sich auch abgrenzen können. Wie gehen andere Menschen, gerade Profis, in ihren Fachgebieten mit den Fragen und Herausforderungen des Alltags um? Diese Frage stellen sich viele Menschen und suchen dabei nach Beispielen auch online. Für »Sinnfluencer« oder Menschen, die sich auf Social Media mitteilen möchten, geht es dabei nicht darum, ein strahlendes Abbild eines Glaubenshelden oder einer Glaubensheldin zu sein. Es geht um Echtheit und Authentizität. Es geht darum, Menschen mit hineinzunehmen in die Wirklichkeit des eigenen Lebens und wie sich hier Glauben und Kirche bewähren oder eben auch nicht. Es sind also keine Predigtkanäle, auf denen theologisches Wissen oder kirchliche Wahrheiten verbreitet werden und das sollen sie auch nicht sein. Erzählen Sie einfach von sich selbst. Das ist zugegeben einfacher gesagt als getan, und man macht sich damit auch oft sehr verletzlich. Aber wenn Sie den Mut und die Lust dazu haben, dann dürfen Sie Gast in vielen anderen Lebensentwürfen und Alltagen werden und Ihre Impulse hinterlassen, wahrscheinlich stärker, als man es sonst heute noch erleben oder sein kann. Und Seelsorge wird es, weil die Menschen, die folgen und mitlesen und mitleben, es für sich als Seelsorge annehmen: als Trost oder Ermutigung, als Wissen darum, dass auch andere ähnliche Probleme haben, als Begleitung des eigenen Wochenablaufes, als geistige und geistliche Inspiration.

Nutzen Menschen in Ihrer Kirchengemeinde schon digitale seelsorgliche Angebote?
Welche Apps sind verbreitet, welche YouTube-Kanäle werden abonniert, welche Blogs gelesen oder welchen Sinnfluencern wird gefolgt?
Wer hat bei Ihnen vor Ort ein Händchen für den digitalen Raum? Wer könnte eine Art »Kümmerer:in« werden, um die Kirchengemeinde (infrastrukturell und inhaltlich) »ins Netz« zu bringen? Und was darf passieren, um Ihre Gemeinde auf diesem Weg mitzunehmen?
Von wem könnten Sie externe Hilfe und Unterstützung bekommen? Welche Fortbildungen wären für Sie und Ihre Mitarbeiter und Mitarbeiterinnen wünschenswert?

Digitale Seelsorge und Klimakrise

Wenn man Menschen in Deutschland nach ihren stärksten Emotionen im Zusammenhang mit der Klimakrise fragt, gibt fast die Hälfte der Befragten (45 Prozent) an, sich »hilflos« zu fühlen. Dieses Gefühl übertrifft in Deutschland sogar Enttäuschung und Wut als dominierende Emotion im Zusammenhang mit dem Klimawandel. Bemerkenswert ist, dass dieses negative Gefühl gerade bei den Menschen auftritt, die sich besonders engagieren und informiert sind. Als zweithäufigste Emotion geben Menschen in Deutschland »Enttäuschung« an. Viele Menschen haben das Gefühl, dass die Gesellschaft als Ganzes nicht geschlossen genug für den Klimaschutz eintritt – ganz zu schweigen von der globalen Ebene. Es fühlt sich für viele Einzelne an, als ob ihre Bemühungen »im Kleinen« unbedeutend bleiben und sie darüber hinaus wenig bewirken können. Die Kritik richtet sich vor allem an Politik und Wirtschaft, die noch zu wenig tun, aber auch auf die Bürgerinnen und Bürger selbst. 70 Prozent der Befragten glauben, dass die meisten Menschen in Deutschland den Klimawandel »noch nicht ernst genug« nehmen (More in Common 2021).

Eine Untersuchung unter Jugendlichen und jungen Erwachsenen aus zehn Ländern ergab, dass drei Viertel von ihnen Angst vor der Zukunft haben. Eine noch größere Anzahl von Befragten zeigt zumindest mäßige Besorgnis über die Auswirkungen der Erderhitzung, so die Ergebnisse der Studie von Hickmann (2021). Ähnlich besorgniserregend sind die Ergebnisse einer jüngsten Umfrage der Bertelsmann Stiftung in Deutschland, bei der 80 Prozent der Befragten im Alter von zwölf bis 18 Jahren ihre Sorge über den Klimawandel zum Ausdruck brachten, wobei 42 Prozent von ihnen sehr besorgt waren (Bertelsmann Stiftung 2022). Schon jetzt kommen junge Frauen und Männer in die Seelsorge und fragen, ob es sich noch lohne, Kinder zu bekommen.

Könnte digitale Seelsorge nicht einen Ort anbieten, der überregional und niedrigschwellig all diesen Gefühlen und Gedanken Raum gibt? Der eine Atmosphäre schafft, in der Menschen sich öffnen und mitteilen mögen, der Begegnung ermöglicht, auch von Menschen und Gruppen, die sich sonst vielleicht eher nicht oder nur schwer begegnen würden? Ein Ort, wo Ängste, Sorgen, Zukunftsfragen benannt und besprochen werden. Wo Schuld und Scham, Frust und Wut Worte finden. Wo sicher manches auf den Tisch kommen wird, das unreflektiert und noch nicht zu Ende überlegt ist. Wo ungeschützt und doch sicher und respektvoll miteinander gesprochen und sich ausgetauscht wird. Dabei helfen auch Expertengespräche und Webinare sowie Angebote zu Spiritualität und geistlichem Leben als persönliche oder gesellschaftliche Ressource.

Die Klimakrise ist die größte Krise der Menschheit. Sie ist nicht nur eine Krise des Klimas, sondern gleichzeitig eine Krise der Ernährung und des Wirtschaftens, des Artensterbens, der Heimat, der Gerechtigkeit. Diese Krise spielt sich nicht irgendwo ab, sondern passiert eben auch hier in Deutschland, auch wenn viele im Moment noch weitgehend so leben, wie wir es seit Jahrzehnten tun. Die Infrastruktur funktioniert noch. Der Alltag verläuft beinahe ungehindert. Noch werden uns keine Einschränkungen in unserer Lebensführung vorgeschrieben. Es geht um nicht weniger als das Überleben der Menschheit. Die Natur wird sich weiterentwickeln, anpassen und erneuern. Für uns Menschen aber werden die Möglichkeiten des Über- und Weiterlebens mit jedem Tag etwas weniger. Denn wenn die Wälder brennen, sich die Wüsten ausbreiten und ehemals fruchtbares Land nicht mehr bewirtschaftet und bewohnt werden kann, wenn das Artensterben sich fortsetzt und die Umweltverschmutzung nicht gestoppt wird, dann verliert der Mensch seine Lebensgrundlagen und damit in weiten Teilen des Planeten seine Existenz. Natur- und Klimaschutz ist darum Menschenschutz. Wie kann angesichts dieser Aussichten ein Leben und Sterben in Würde stattfinden? Und was braucht es dazu? Wie können wir mit den Gefühlen und Gedanken klarkommen, die mit diesen Ab- und Umbrüchen einhergehen? Wie schaffen wir es, aus der Starre oder aus dem Aktionismus heraus in ein wertegeleitetes, verantwortliches, konstruktives und hilfreiches Handeln, das nicht nur sich selbst sieht, sondern immer auch den (globalen) Nächsten mit im Blick hat und auch seine Bedürfnisse berücksichtigt und die Folgen der Taten abwägt?

Digitale Seelsorge könnte hier ansetzen und die eigenen Kompetenzen und kreative Möglichkeiten der Beteiligung einbringen, damit wir trotz dieser Krisen spüren und erfahren, dass wir nicht allein sind, auch nicht mit unseren Ängsten und Sorgen, auch nicht mit unserer Überforderung und Hilflosigkeit. Sondern dass da noch andere Menschen sind, die von dem erzählen, was sie hält und trägt und weshalb es sich lohnt, auch weiterhin tatkräftiges Vertrauen in diesen Planeten und seine Bewohner zu wagen, die Zeugnis geben von ihrer Liebe zum Leben und davon, was in ihnen immer wieder Mut und Kraft entfacht. Denn Aufgeben ist keine Lösung. Doch obwohl uns schon so viel genommen wurde und schon so viel verloren ist, lassen wir uns nicht die Freude nehmen, auch nicht die Zukunft und auch nicht das Recht zu handeln. Die Überzeugung, dass unser Tun einen Unterschied macht und eine Wirkung erzielen wird, soll unsere Hoffnung sein.

Insbesondere sehe ich dazu diese Aufgaben (siehe auch https://www.ekd.de/klimawandel-49693.htm):

- Gemeinsames Aushalten von Klimagefühlen,
- Gedanken und Gefühlen zur Klimakrise Raum geben,
- Online und offline Resilienzräume initiieren für Erholung, Austausch, Bildung,
- Visionen von einer »Welt für morgen« entwickeln,
- Räume zur Aussprache und Begegnung schaffen,
- seelsorgliche Angebote entwickeln und durchführen (z. B. Sprechstunden, Einzelgespräche, Expertenchats, Webinare),
- Klagemauern oder Gebetswände moderiert im Internet anbieten,
- Kompetenzentwicklung im Umgang mit eigenen und fremden Gefühlen und Gedanken angesichts der Krise, Informationen zum Beispiel im Buch Lea Dohm/Mareike Schulze (2022), Klimagefühle und unter https://klimakommunikation.klimafakten.de/
- Entwicklung von Krisenkompetenz und Resilienz, Förderung der Selbstwirksamkeit,
- Planung und Durchführung/Umsetzung von Maßnahmen, Aktionen und Klimaschutzkonzepten,
- Bearbeitung theologischer Fragen (z. B. Theodizee, Schöpfung, Endzeit, Hoffnung, Heil und Heilung),

- In Hoffnungsräumen zum Handeln kommen: Wie sieht Hoffnung aus? Was tun wir mit unserer (kleinen) Hoffnung?,
- Weltweite, (über-)regionale und lokale Vernetzung mit Partnergemeinden, Betroffenen, Akteuren, Vordenkern, Initiativen zum Beispiel Ökumenisches Netzwerk für Klimagerechtigkeit (https://www.kirchen-fuer-klimagerechtigkeit.de/), Church for Future (https://www.churchforfuture.com/), Christians for Future (https://christians4future.org/), Psychologists for Future (https://www.psychologistsforfuture.org/), Klimafakten (https://www.klimafakten.de/),
- Zusammenarbeit mit der Forstwirtschaft und Einbringen der gemeindeeigenen Wälder und Flächen in eine klimagerechte Bewirtschaftung,
- spirituelle/geistliche Begleitung, individuell und auch in Form von themenzentrierten Gottesdiensten und Andachten, aber auch von (Online-)Kursen und Webinaren,
- Dankbarkeit als Kraftquelle entdecken und leben,
- Kontemplation und Meditation als Weg in das Hier und Jetzt, als Kontaktaufnahme mit sich selbst, zur Natur, zu anderen Menschen,
- Eröffnen von Räumen des Scheiterns, Etablieren einer Fehlerkultur und Entdecken von Fehlern und Scheitern als Möglichkeit des Lernens und Wachsens.

Gibt es bei Ihnen vor Ort Initiativen, mit denen Sie sich vernetzen können?

Haben Sie selbst eine Partnergemeinde im Ausland oder gibt es eine solche Partnerschaft in Ihrem Umfeld? (Gerade Betroffene sind gute Ressourcenheber. Von ihnen lässt sich lernen, mit Krisen umzugehen.)

Wer wäre bereit, bei Ihnen vor Ort eine Art »Kümmerer:in« zu sein für das Thema »(Digitale) Seelsorge und Klimakrise«?

Welche digitalen Kanäle mögen und können Sie für Ihr Engagement als Kirchengemeinde nutzen?

Welche Sorgen und Gefühle nehmen Sie vor Ort wahr?

Welcher Bedarf, welche Ideen und Angebote lassen sich daraus ableiten?

Social Media

Die Hälfte der Bevölkerung in Deutschland ab 14 Jahren ist laut ARD/ZDF-Onlinestudie 2022 (https://www.ard-zdf-onlinestudie.de/) wöchentlich oder häufiger in Sozialen Medien unterwegs. Unter den 14- bis 29-Jährigen sind es sogar 88 Prozent, die wöchentlich oder häufiger Social Media nutzen und sich dabei meistens auf Instagram bewegen. Facebook als ältestes Netzwerk liegt in der Gesamtbevölkerung weiterhin vorn, doch auch hier ist ihm die Schwester Instagram dicht auf den Fersen. Auf Rang 3 steht TikTok. Viele Menschen verbringen ihre Zeit auf den Social-Media-Plattformen, weil sie dort Spaß haben, alte Kontakte pflegen und neue knüpfen oder sie folgen prominenten Persönlichkeiten. Die Plattformen selbst tun alles, damit sich die Menschen möglichst lange und möglichst oft bei ihnen einloggen. Immer wieder werden die Algorithmen so verändert und angepasst, dass man sieht, was man gerne sieht oder wofür man sich zu interessieren scheint oder auch noch interessieren sollte, weil Freunde oder Personen sich dafür auch interessieren oder man deren Beiträgen ein »Like« gegeben hat. Die Quelle an Neuigkeiten und Nachrichten, kurzen Videos und Textbeiträgen scheint unendlich zu sein. Stundenlanges Scrollen und Konsumieren sind die Folge. Manche können ihr Smartphone kaum noch aus der Hand legen und für manche von ihnen wächst sich dieses Verhalten sogar zu einer Sucht aus (vgl. DAK Studie 2017).

Neben Unterhaltung und Informationen befinden sich auch sogenannte Fake-News auf den Kanälen. Oft werden Fake-News durch entsprechende Profile (Accounts) direkt in die Netzwerke geschrieben. Es gibt mittlerweile ganze »Troll-Fabriken«, die entweder Fake-News herstellen und verbreiten oder mit falschen oder übertriebenen Kommentaren und hoher Emotionalität die Meinung im Internet lenken wollen. Dazu werden auch passende Falsch- oder

Extremnachrichten mit Likes in der Wahrnehmung gefördert und so eine Verzerrung der Wirklichkeit erreicht, indem der Eindruck entsteht, eine große Gruppe der Gesellschaft oder des gesellschaftlichen Teiles vertrete diese Meinung. Zur Verbreitung dieser Meldungen und Kommentare werden wiederum oft falsche Profile und Identitäten angelegt und verwendet, sogenannte Fake-Accounts. Auch Zeitungsbeiträge oder Foren werden immer wieder von diesen Aktivitäten heimgesucht. Ihre Tätigkeiten beschränken sich also nicht nur auf Social Media, hier erreichen sie aber oft Tausende weitere Nutzerinnen und Nutzer, sodass sich ihre böswilligen Absichten rasend schnell verbreiten. Es ist wichtig, kritisch und mit einer gesunden Skepsis auf Inhalte in sozialen Medien zu blicken und sicherzustellen, dass man sich auf vertrauenswürdige Quellen stützt.

Noch einen weiteren kritischen Punkt gilt es zu benennen: nämlich die Tatsache, dass jeder und jede zehnte in Deutschland bereits Opfer von Hassrede im Internet wurde (Bitkom Research/Digitalverband Bitkom 2023). Frauen sind dabei besonders betroffen. »Hassrede« bezieht sich auf verbale Angriffe, Beleidigungen oder Bedrohungen gegen eine Person oder eine Gruppe, die aufgrund ihrer Rasse, Religion, Geschlecht, sexuellen Orientierung oder anderen Merkmalen gemacht werden. Mit dem Abklingen der Coronapandemie scheint die Zahl der Hassrede-Opfer in sozialen Medien zwar zu sinken, wenn aber jeder und jede zehnte Person Hassrede selbst erlebt hat und von ihr betroffen war, dann sind diese Zahlen erschreckend und alarmierend. Denn Hassrede ist nicht nur falsch und unethisch, sie kann zu ernsthaften emotionalen und psychischen Belastungen für die betroffene Person führen und die Lebensqualität und das Sicherheitsgefühl massiv beeinträchtigen.

Genau deswegen sollten wir Seelsorge auf Social Media anbieten. Waren Christen nicht immer an den Orten, wo Menschen unter die Räder fielen (Lk 10,25 ff., Joh 8,1 ff.), wo es kalt war und ungemütlich, wo Menschen respektlos und manchmal unmenschlich miteinander umgingen?

Digitale Seelsorge kann hier ein Zeichen der Nähe und Gemeinschaft setzen, einen Raum einrichten, in dem sich Betroffene gesehen und gehört fühlen. Denn bei aller notwendigen Kritik, Skepsis und Aufmerksamkeit gegenüber den beschriebenen Phänomenen und Entwicklungen, die Social-Media-Plattformen können ein Ort der Annahme, des Respektes, der menschlichen Wärme und gegenseitigen Hilfe sein (vgl. Haußmann et al. 2021, S. 14). Hier begegnet man eben nicht nur dem Negativen in unserer Gesellschaft, sondern auch allen positiven Kräften und Möglichkeiten. Und wenn das Negative betroffen macht und verletzen kann, dann kann das Positive aufrichten und trösten. Viele Menschen erleben das so immer wieder und hier dürfen wir mit Seelsorge anknüpfen und unsere Stärken einbringen.

Auf Facebook ist für jedes Hobby eine Gruppe zu finden. In diesen Gruppen treffen sich Menschen, um miteinander Gemeinschaft zu erleben, sich auszutauschen und füreinander da zu sein. Natürlich läuft das nicht immer ohne Probleme ab. Wenn es nicht dennoch einen Mehrwert hätte, wären Menschen nicht mehr dort. Es kann eben auch Empathie und tatkräftige Hilfe abgerufen werden, gemeinsames Mitdenken, genauso wie stilles Mitbeten. Und darum geschieht auf Social Media bereits sehr viel Seelsorge, in Gruppen und auch durch viele einzelne Profile, von denen einige beispielhaft hier aufgelistet werden:

Facebook: Birgit Mattausch, Bettina Schlauraff, Dirk Bischoff (Berufsschulpfarrer), Holger Pyka, Simon de Vries, Lutz Neumeier, Jonas Göbel

Instagram: ja.und.amen, theresaliebt, pfarrerausplastik, herz.netz.werk, seligkeitsdinge_, yoga_soul_gold, atmen.glauben.leben, einschpunk, juhopma, dingens.von.kirchen, wynschkind, brot.und.liebe (mit der Vernetzung zu Gottesdiensten auf Zoom), netzwerk.ruach.jetzt, yeet_netzwerk, dieseelsorgt, Wochenworte, pynk_pastor, wasistdermensch, segens_sachen, jonaslisting, feelslike_sina

YouTube: AndersAmen (https://www.youtube.com/@AndersAmen), Yeet-Netzwerk (https://www.youtube.com/@yeet-netzwerk), Theos Welt (https://www.youtube.com/@TheosWelt_Nordkirche und https://www.youtube.com/@TheosWelt2.0), Gunnar Engel (https://www.youtube.com/@PastorGunnarEngel)

Twitter: Cornelia Egg-Moewes @connylisa, Malte Detje @maltedetje, @Twomplet und @Twaudes (tägliches Abend- und Morgengebet)

Manche der genannten Personen sind auf mehreren Plattformen zu finden, ohne dass sie hier mehrfach aufgeführt werden.

Es überrascht nicht, dass Instagram in dieser begrenzten Auswahl am häufigsten genannt wird, da es sich besonders gut eignet, um seelsorglich zu wirken. Auf dieser Plattform werden Informationen und Emotionen miteinander verknüpft, indem Fotos und Texte auf ansprechende Weise kombiniert werden. Es besteht die Möglichkeit, Kommentare zu hinterlassen und in einen Austausch zu treten. Durch die Einbindung von Filmen in Reels wird der Kanal sogar noch erweitert.

Und es lohnt sich, dieses Netzwerk einmal mit entsprechenden Stichworten zu durchsuchen und Beispiele für gelungene und sich ausprobierende Arbeit zu finden. Stichworte könnten sein: Seelsorge, christlich, Kirche, Schulseelsorge, Klinikseelsorge, Beratung Diakonie und natürlich Namen von Kirchengemeinden, Landeskirchen und Einzelpersonen. Oder auch nach den Hashtags »#digitalekirche«, »#digitaleseelsorge«, »#kidw« (Kirche im digitalen Wandel) oder »#ansprechbar« suchen.

Das Hashtag »#ansprechbar« wurde im Frühjahr 2020 von Nico Buschmann ins Leben gerufen und hat sich in den letzten Jahren ein wenig als Kennzeichnung derjenigen eingeführt, die im Internet, besonders auf Instagram, für Seelsorge zur Verfügung stehen und eben ansprechbar sind.

Das genannte Yeet-Netzwerk (https://yeet.evangelisch.de/) schreibt über sich selbst: »yeet ist das evangelische Contentnetzwerk und unterstützt christliche Creator*innen, die ihren Glauben, in Form von Sinnfragen, Werten und gesellschaftlichen Fragen, über die Sozialen Medien bei einer Zielgruppe von 14–39 Jahren ins Gespräch bringen. yeet soll dazu beitragen, dass die christliche Botschaft in einer passenden Sprache vermittelt wird. Mit seiner Arbeit will yeet insgesamt den Austausch von christlichen Contentcreator*innen und die Sichtbarkeit ihrer Inhalte fördern« (https://yeet.evangelisch.de/wer-oder-was-ist-yeet, 19.12.2022). Wer auf den einzelnen Kanälen unterwegs ist, wird auf sehr unterschiedliche Angebote und Beiträge beabsichtigter und unbeabsichtigter Seelsorge stoßen. Ein Angebot, auf das auch gut als Kirchengemeinde verlinkt werden kann. Man muss nicht alles selbst machen, es gibt bereits viel guten Content.

Um Seelsorge auf Social-Media-Plattformen wie Facebook, Instagram oder TikTok anzubieten, muss man sich gar nicht gleich als Influencer verstehen. Es kann auch mehr darum gehen, »Rechenschaft von der Hoffnung zu geben, die uns erfüllt« (1. Petr. 3,15–18). Und diese Rechenschaft kann auch bedeuten, von den eigenen Ängsten, Sorgen und Zweifeln zu sprechen, vom Nachdenken, vom persönlichen Ringen, vom Scheitern und Wiederaufstehen.

Es geht auch nicht darum, ein womöglich perfektes Vorbild zu sein, sondern ein Beispiel des Werdens und Wachsens auf dem Weg der Nachfolge. Es sollen also auch nicht fertige und dogmatisch richtige Antworten gegeben werden, sondern die Menschen werden mit auf die persönliche Reise genommen und so ermutigt, ihre eigene Reise zu reflektieren und davon zu erzählen. Und so könnte zum Beispiel auch die Schulseelsorge, die Seelsorge in Krankenhäusern oder Hospizen und die Gefängnisseelsorge die sozialen Medien für sich nutzen.

Also, niemand muss gleich ein Influencer sein oder werden, aber natürlich wird eine gewisse Freude daran, von sich selbst zu erzählen, vorausgesetzt. Und auch wenn die Adressatenkreise durch Filter enger oder weiter gesetzt werden können (z. B. nur Freunde, auch Freunde von Freunden, nur bestimmte Personenlisten, öffentlich), so braucht es eben die Bereitschaft, sich mit den eigenen Themen in den Mittelpunkt, zumindest in den Ausgangspunkt eines Themas, zu stellen. Die Fähigkeit, mit Kritik umzugehen, ist eine weitere Voraussetzung. Genauso wie Gelegenheiten für eigene Seelsorge und Supervision. Schließlich braucht es noch ein gutes, tragfähiges und schützendes Netzwerk aus Kolleginnen und Kollegen sowie Vorgesetzten oder Leitungsstrukturen, die sich vor und neben einen stellen, wenn aufgrund eines Posts Angriffe oder gar Shitstorms losgetreten werden oder Menschen meinen, mit Hate-Speech antworten zu müssen.

Wer all das nicht möchte, kann trotzdem die sozialen Medien nutzen, um Seelsorge anzubieten. Dazu braucht es nicht mehr als ein offenes Auge und neugieriges Herz. Wie durch die Statistiken schon deutlich wurde, sind viele Menschen, Gemeindemitglieder und andere auf diesen Plattformen unterwegs und verbringen mitunter viel Zeit dort. Dabei werden nicht nur selbst Beiträge gepostet, man ist auch auf Social Media, um sich zu vernetzen, mitzulesen, zu kommentieren und Anteil aneinander zu nehmen. Wenn man selbst gut vernetzt und auch in den entsprechenden Gruppen Mitglied ist, dann gelingt über diese Kanäle auch ein Kontakt zu den Menschen in der Gemeinde. So könnte auf eine Frage in einer Ortsgruppe auch vonseiten der Kirchengemeinde oder Beratungsstelle geantwortet und eine notwendige Vernetzung oder Hilfe angeboten werden.

FragerinEINS: Guten Tag! Mein Kind schreit die ganze Nacht durch. Hat jemand Erfahrungen mit sowas und kann mir einen Tipp geben? Danke
Pfarrerin Musterfrau: Hallo, solche Situationen kennen wohl alle Eltern mal. Bei uns selbst hat damals vor allem der Austausch mit anderen geholfen. Das hat uns auch Geduld mit uns selbst geschenkt und so manchen guten Tipp, z. B ... Ich könnte dich mit den Erzieherinnen in unserer KiTa (oder der Erziehungsberatung, o. Ä. ...) vernetzen, die wissen bestimmt Rat und Unterstützung in diesen Fällen. Wärst du daran interessiert?

FragerZWEI: Wir haben so einen Gebetswürfel bekommen zum ersten Geburtstag unserer Tochter. Nutzt das jemand und was soll sowas? Wir sind nicht gläubig aufgewachsen.
Pfarrer Mustermann: Hallo, so ein Gebetswürfel ist eine tolle Möglichkeit, ein Abendritual einzuführen und den Tag in Ruhe zu verabschieden. Ihr müsst dazu gar nicht unbedingt gläubig sein, würfelt eines der Gebete und lest es langsam gemeinsam vor. Das entspannt und hilft vielleicht für eine ruhigere Nacht. Ich bin gespannt, welche Erfahrungen ihr macht.

Hier geschieht Seelsorge eher zwischen Tür und Angel. Kurze Kontakte, die zeigen: Wir sind da, wir helfen gerne, wir bieten Raum für Austausch, für Fragen, Antworten und Erfahrungen. Diese Präsenz ist nicht zu unterschätzen.

Und manchmal geschieht es, dass man auf Social Media direkt angeschrieben wird und Menschen diesen Kanal nutzen, um Seelsorge in Anspruch zu nehmen. Diese »PN« (Private Nachricht) oder auch »PM« (private message) abgekürzten Anschreiben, nutzen die Messenger-Option der jeweiligen Social-Media-Plattform. Auch Kirchengemeinden, Kindergärten oder Beratungsstellen, die auf den

Social-Media-Plattformen als Einrichtung aktiv sind, sollten sich konzeptionell darauf einstellen, diese Nachrichten zu erhalten und den Umgang damit für sich klären. So ist eine erhöhte Wachsamkeit und Sensibilität nötig, die darauf aufmerksam macht, wie hier mit Daten und Datenschutz umgegangen wird. Und so sollte in einer ersten Antwort die Kontaktaufnahme wertschätzend beantwortet werden, im weiteren Verlauf der Antwort muss aber auf die Schwierigkeiten dieses Mediums transparent eingegangen werden. Es ist also zu erwähnen, dass alle hier aufgeschriebenen und versendeten Daten öffentlich sind. Auch Privatnachrichten werden vom System und gegebenenfalls auch von Mitarbeiterinnen und Mitarbeitern mitgelesen. Rückschlüsse auf die eigene Person sind also immer möglich und werden auch von den Plattformen gezielt als Geschäftsmodell durchgeführt. Sämtliche Aktivitäten auf den Plattformen fließen in die Berechnungen der Algorithmen ein und werden in den Servern der Konzerne wie Facebook verarbeitet. Jeder Klick, jeder Kontakt, jeder Satz, jede Interaktion, auch jedes Verweilen auf einem Bild oder Beitrag wird von Facebook zur Kenntnis genommen und dem eigenen Benutzerkonto zugeordnet. Daraus folgt dann eine Auswertung des Nutzerverhaltens und ein entsprechendes Nutzerprofil wird erstellt. Ausgehend von diesem Profil werden dann die angezeigten Inhalte in der Timeline errechnet. Somit trifft der Algorithmus eine Vorauswahl der Inhalte, die man zu sehen bekommt und die freie Meinungsbildung kann eingeschränkt werden.

Private Gesundheitsdaten sollten also nicht veröffentlicht werden. Und auch wenn viele Personen die Möglichkeiten dieser Plattformen zum Austausch persönlicher Informationen nutzen, oft auch in vollem Bewusstsein, dass sie hier sensible Daten preisgeben, so sollten Seelsorgende immer die damit einhergehenden Risiken ansprechen und Alternativen anbieten.

In der ersten Antwort sollte also vielleicht ein Absatz stehen wie dieser hier:

»Vielen Dank, dass du mich angeschrieben hast. Ich bin gerne für dich da und unterstütze dich bei deinem Anliegen. Weil es mir wichtig ist, dass du dich in einer sicheren Umgebung äußern kannst, schlage ich dir vor, dass wir die Plattform wechseln und auf eine datensichere Verbindung gehen. Bitte sei dir darüber im Klaren, dass alle Informationen, die du hier teilst, quasi öffentlich sind und von anderen Menschen oder Systemen mitgelesen werden können. Auch wenn du ein teilweise anonymisiertes Profil benutzt, so sind Rückschlüsse auf dich als Person möglich. Auch Angehörige von Betroffenen sollten hier noch einmal besonders vorsichtig und sensibel sein. Schreibe also keine Informationen hier auf, mit denen du dich selbst unbeabsichtigt oder andere Menschen ohne deren Einverständnis outen könntest. Bitte behalte also immer den Datenschutz im Auge und poste nur das, was du auch in der Öffentlichkeit sagen, schreiben oder teilen würdest.«

Die mit den Social-Media-Plattformen verbundenen Schwierigkeiten und Herausforderungen sollten uns aber nicht davon abhalten, diese seelsorglich zu nutzen. Der Wunsch nach Kontakt und Rat ist meiner Meinung nach wichtiger als mein persönliches Bedürfnis nach Sicherheit und Datenschutz. Wenn ich also auf Social Media angesprochen werde, dann antworte ich, und wenn die Person trotz aller Aufklärung mit ihren Themen und Problemen da bleiben will, dann akzeptiere ich das in den genannten Grenzen. Das Seelsorgegeheimnis gilt auch in Social Media, aber der mangelnde Datenschutz darf uns nicht daran hindern, von Menschen angesprochen zu werden und mit ihnen in Kontakt zu treten.

> Aus welchen Gründen nutzen Sie selbst die sozialen Medien? Welche Erfahrungen haben Sie dort bisher gemacht? Was hat Sie ermutigt? Was hat Sie eher frustriert oder abgeschreckt?
> Was wird in Ihrem direkten Umfeld genutzt? Welche Gruppen oder Hashtags gibt es für Ihren Ort/Stadtteil? Welche Social-Media-Angebote sind populär?
> Was liegt Ihnen mehr: Fotos, Videos oder Texte?
> Wen wollen Sie erreichen und was wollen Sie online anbieten?
> Welche der Plattformen oder Apps passt besser zu Ihrer Kirchengemeinde und zu Ihrem Ort?
> Wer könnte Sie bei Ihren Schritten auf Social Media unterstützen?

Apps, Tools und Ressourcen

Apps können eine gute Ergänzung zur Beratung sein. Je nach Wunsch und Bedarf können sie den Ratsuchenden zusätzliche Werkzeuge und auch Kompetenzen an die Hand geben, sogar eigene Trainings und Übungen können damit durchgeführt werden. Alle genannten Apps sind in den jeweiligen Stores für Apple und Android zu finden.

Evermore

Im »Haus kirchlicher Dienste« der Evangelisch-lutherischen Landeskirche Hannovers und unter der Projektleitung von Rainer Koch wurde die App Evermore für Meditation und Achtsamkeit entwickelt. Evermore möchte darin unterstützen, eine alltagsnahe und authentische Spiritualität zu erfahren und durch entsprechende kontemplative Inspirationen, Wertvollworte und Meditationen einzuüben. Es lassen sich Erinnerungen einstellen. »Erlebe Heilige Momente«, so lautet das Motto dieser App, das wohl Auftrag und Zuspruch zugleich sein soll. Die App ist kostenfrei und sammelt keine Daten.
Webseite: https://evermore-app.de

Auch in anderen (nichtkirchlichen) Apps werden christliche Achtsamkeit und Meditation auf Deutsch angeboten. Die bekanntesten Apps sind InsightTimer, Calm und Mindshine. In diesen Angeboten sind auch Beiträge und ganze Kurse zu Selbstfürsorge, Stressreduktion und Resilienz zu finden. Für mehr Bewegung in Form von Ausflügen und Outdoor-Touren bietet sich https://www.outdooractive.com/de/ an.

KrisenKompass

Der KrisenKompass möchte eine Art Notfallkoffer für Krisensituationen sein und sowohl Menschen mit suizidalen Gedanken und Absichten zur Verfügung stehen als auch deren Zugehörigen und Unterstützern. Dazu ist die App in vier verschiedene Bereiche aufgeteilt, die farblich unterschieden sind. In einer Art Tagebuch können Gedanken notiert und im persönlichen Archiv Gedanken, Erinnerungen, Fotos und Lieder gespeichert werden, sodass sie in Notzeiten tröstend und ermutigend zur Hand sind. Auch Notfallnummern und Anleitungen zur Beruhigung und Gedankenklärung sind in der App integriert sowie direkte Kontaktmöglichkeiten zur Telefonseelsorge und anderen professionellen Anlaufstellen. Die App ist kostenfrei. Leider ist die letzte Aktualisierung der App mittlerweile schon drei Jahre her.
   Webseite: https://www.telefonseelsorge.de/krisenkompass/

Andachtsapp

Das Evangelische Medienhaus Stuttgart bietet mit der Andachts-App täglich eine Video- oder Audio-Andacht. Autorinnen und Autoren der Andachten sind überwiegend Pfarrerinnen und Pfarrer der evangelischen Kirche. Ein Archiv bietet Zugriff auf vergangene Ausgaben. Für die eigene Stille Zeit lässt sich eine tägliche Erinnerung einstellen. Außerdem gibt es eine Such-, Teilen- und Download-Funktion. Die App ist kostenfrei.
   Webseite: https://www.andachtsapp.de

Die-Bibel.de-App

Die Deutsche Bibelgesellschaft hat mit Unterstützung der EKD die Bibel-App herausgebracht. Die Lutherbibel 2017, die Lutherbibel 1984, die BasisBibel und die Gute Nachricht Bibel sind hier kostenfrei und ohne Registrierung online lesbar. Weitere Features wie Notizen und Markierungen oder das Lesen im Offline-Modus sind nach einer Registrierung nutzbar.
   Webseite: https://www.die-bibel.de

Eine Liste mit hilfreichen und erprobten Apps für sehbehinderte und blinde Menschen findet sich hier: https://www.digihaus.online/Artikel/

DemenzGuide

»DemenzGuide – die App für Angehörige« ist ein ökumenisches Angebot des Bischöflichen Ordinariats und des Evangelisch-lutherischen Dekanats München. Die App möchte Infos, Tipps und Ideen für den Umgang mit Menschen mit Demenz geben. Humorvolle Beiträge sorgen für etwas innere Entlastung im Betreuungsstress.
Webseite: http://www.elkb.org/anwendung/demenzguide

Aufstellungsarbeit

Aufstellungsarbeit oder kurz »Aufstellung« ist ein Begriff für Methoden, bei denen man Mitglieder eines Systems (z. B. Familie, Organisation, Unternehmen) einzeln platzieren und ihre Beziehungen zueinander darstellen kann, um Zusammenhänge und Muster innerhalb des Systems sichtbar zu machen und zu erarbeiten. Dabei werden der Perspektivenwechsel und die räumliche Platzierung der Beteiligten genutzt. In der digitalen Seelsorge werden Aufstellungen am besten in der Videoberatung angewendet. Für eine Beratung per E-Mail ist diese Methode aufgrund der asynchronen Kommunikation nur schwer möglich und per Chat bräuchte es ein sehr genaues Koordinatensystem, um parallel Figuren bzw. Stellvertreter setzen und interpretieren zu können. Denkbar wäre im Sinne der »blended«-Beratung aber ein Settingwechsel. Also aus dem Chat- oder dem E-Mail-Gespräch hin zu einem entsprechenden Angebot, das ein gemeinsames, gleichzeitiges Arbeiten an einer Aufstellung ermöglicht, um danach wieder in den Chat oder die E-Mail-Umgebung zurückzukehren.

Wer sich für eine Aufstellung in einem Videogespräch entscheidet, kann das auf dem heimischen Schreibtisch tun und die Kamera darauf ausrichten. In der Regel wird die Aufstellung dann nur aus einer Perspektive aufgenommen, ein Perspektivenwechsel ist nur mit Aufwand zu realisieren. Einfacher ist es darum, ganz auf ein Online-Tool zu wechseln. Dazu bieten sich im Moment besonders diese Dienste an:

Auf https://coachingspace.net/ ist unter Tools ein Systembrett verfügbar, das eine 3D-Perspektive bietet, in der man sich navigierend bewegen kann. Man kann rein- und rauszoomen und das Brett auch drehen und so verschiedene Betrachtungswinkel wählen. Auch die Stellvertreter sind wählbar. Das Angebot ist DSGVO-konform und es wird eine kostenfreie Grundversion angeboten. Alternativen: https://www.online-systembrett.com/ oder auch https://www.cai-world.com/

Durch die Erstellung eines Genogramms lassen sich Beziehungen und Muster innerhalb einer Familie visuell darstellen. Wer das digital tun möchte, findet unter https://www.wingeno.org/ ein hilfreiches Werkzeug.

Das Schöne an externen Brettern ist, dass es sich alle Teilnehmenden individuell anschauen können. Jede und jeder kann eine eigene Ansicht wählen, näher herangehen, den Abstand vergrößern, das Brett drehen oder Figuren ergänzen.

Wer es schlichter mag, verwendet auf dem geteilten Bildschirm des Videogespräch-Systems eine PowerPoint-Anwendung. Über den Reiter »Einfügen« lassen sich Formen und Figuren und 3D-Modelle auf der leeren PowerPoint-Folie darstellen. Diese können auch mit Namen versehen und entsprechend frei positioniert werden.

Whiteboard

Taskcards (https://www.taskcards.de) ist eine schöne Anwendung, um Brainstorming oder andere Sammlungen und Listen zu verwalten und darzustellen. Es ist kollaborativ nutzbar und DSGVO-konform. Ähnliches lässt sich auf einem Whiteboard, einer digitalen Tafel, umsetzen. Alle Videogespräch-Systeme bieten ein Whiteboard an. Diese werden aber mit dem Ende des Gesprächs geschlossen und stehen dann nicht mehr zur Weiterarbeit zur Verfügung. Die Inhalte müssten also heruntergeladen werden, wenn man sie weiter nutzen will. Umso komplizierter ist dann oft die weitere Verwendung. Ein externes Board schafft hier Abhilfe, da es auch nach einer Sitzung noch aufrufbar ist, unabhängig vom Videogespräch oder vereinbarten Terminen.

Hier bietet sich besonders https://www.collaboard.app/de/ an. In der kostenfreien Version ist Platz für drei Projekte. Collaboard steht EKD-DSG-konform zur Verfügung und besticht durch seine übersichtliche Handhabung und die Fülle der Templates und Einsatzmöglichkeiten. Von reinem Zeichnen über Produkt Design, Brainstorming, Präsentation und Storytelling und mehr ist für jede Anforderung etwas dabei. Die Daten werden in der Schweiz gehostet. Auf Wunsch ist das aber auch on-premises oder in einer eigenen Cloud möglich.

https://excalidraw.com/ ist ein kleines, schnelles und unkompliziertes Whiteboard, das in der Basisversion kostenlos ist und die übertragenden Daten verschlüsselt. Die Zeichnungen werden nach eigenen Angaben Ende-zu-Ende-verschlüsselt dargestellt. Über einen Link lassen sich weitere Teilnehmer und Teilnehmerinnen einladen, sodass kollaborativ synchron an einem Projekt gearbeitet werden kann. Ein asynchrones Arbeiten ist in der Basisversion nicht möglich, da die Projekte nur im Browser gespeichert werden. Außerdem lassen sie sich als Excalidraw-File heruntergeladen bzw. als Bild (png/svg) lokal abspeichern. Excalidraw ist Open Source.

Mentimeter (https://www.mentimeter.com/) bietet die Möglichkeit zu Feedback, Abfragen, Umfragen und Stimmungen. Besonders Gruppen profitieren davon. Es ist aber nicht DSGVO- konform. Die Teilnahme sollte also anonym oder pseudonymisiert erfolgen. Eine Alternative könnte darum Pollunit (https://pollunit.com/de) sein.

Ein digitales Blatt Papier ist EKD-DSG-konform auf https://pad.churchx.de verfügbar. Hier können Texte unabhängig von Zeit und Ort erarbeitet, bearbeitet und geteilt werden. Hierüber lassen sich auch weitere Texte erstellen oder miteinander teilen. Der Vorteil ist, dass Sie gemeinsam zeitgleich an dieser Datei arbeiten können. Selbst größere Gruppen haben hier Platz und durch die persönliche Wahl der Schriftfarbe lassen sich die Teilnehmenden voneinander unterscheiden. Und nur wer möchte, gibt sich selbst einen Namen, ansonsten ist man hier anonym unterwegs.

CryptPad (https://cryptpad.fr/) ist eine Office-Suite, um kollaborativ Texte oder Tabellen und mehr zu erstellen und zu bearbeiten. Auch ein Whiteboard steht zur Verfügung. Die Daten werden verschlüsselt in Frankreich gespeichert.

Eine Alternative zu bekannten Videokonferenz-Systemen ist https://meet.churchx.de. Es ist ebenfalls EKD-DSG konform, kostenfrei und wird vom kirchlichen Rechenzentrum ECKD betrieben. Für größere Gruppen oder gar Webinare ist es nicht so gut geeignet, da die Leistungsgrenzen des Systems bald erreicht werden. Ein Seelsorgegespräch sollte aber ohne Probleme gut und sicher laufen.

Wer in der Seelsorge gerne mit Bildern arbeitet, findet unter https://unsplash.com/de eine kosten- und lizenzfreie Sammlung. Soll es lieber bewegter und etwas verrückt oder witzig-kreativ sein, bietet sich ein Besuch bei https://giphy.com/ an. Die kleinen Bildchen lassen sich auch nach Stichworten sortieren, sodass thematisch gearbeitet werden könnte.

Verstofflichen

Unter »Verstofflichen« verstehe ich den Einsatz von analogen Gegenständen in der digitalen Seelsorge, vor allem in einem Videogespräch. So können Gefühle oder Gedanken durch Gegenstände symbolisiert werden. Und systemisches Werkzeug wie Aufstellungen und Time-Line-Arbeit, aber auch Feedback, Stimmungsbilder und mehr (vgl. Brüggemann 2016) können gut analog in den digitalen Raum eingebracht werden. Der Vorteil ist, dass sich so die beiden Wirklichkeiten miteinander verschränken (»blended«), das digitale Gespräch also eine haptische Dimension bekommt und körperlich spürbar wird. Die Figuren und Gegenstände zur Aufstellung können meine Gesprächspartnerin/mein Gesprächspartner oder ich anfassen und anfühlen. Die Time-Line-Karten und Bänder lassen sich haptisch legen und man kann sie körperlich oder durch eine Figur vertreten erwandern.

Der Nachteil ist natürlich, dass zum Beispiel die Aufstellung entweder auf meinem Tisch oder bei meinem Gegenüber steht. Aber man kann sie natürlich auch wie beim Fernschach jeweils an beiden Orten synchron auf- bzw. nachbauen. So könnte sie auch beim Gegenüber stehen bleiben und am nächsten Tag oder noch später weitererarbeitet oder ausgewertet werden.

Meditation

Wo ist Gott? – so fragen viele und meinen damit auch: Wo ist Hoffnung, wo ist Liebe, und wo bleibe ich in diesem ganzen Unheil und dieser Unsicherheit unserer Welt und meines Alltags?

Setzen Sie sich entspannt, aber aufrecht hin. Schließen Sie die Augen. Werden Sie still. Atmen Sie im natürlichen Rhythmus. Lassen Sie den Atem einfach fließen, so, wie er kommt und geht. Und werden Sie sich beim Atmen der Luft, der Materie um Sie herum bewusst ... Wir vergessen das vielleicht. Aber wir werden permanent berührt, von der Atmosphäre, sie ist da ... Um uns ... Immer ... Und genau so ist Gott auch gerade da, um uns herum, berührend ... In ihm leben, weben und sind wir ... Und mit ihm ist Hoffnung da, Licht, Liebe ... Da ist Kraft um uns herum und wir können uns damit verbinden, durch unser Atmen – ein- und ausatmen, mit Gott, in Gott. Amen. Nehmen Sie weiter bewusst Ihren Atem wahr und öffnen Sie dann sanft Ihre Augen. Kommen Sie zurück in unser Gespräch.

Anker-Übung

Anker-Übungen helfen, die Gedanken und Gefühle zu beruhigen und eine Verbindung zum Körper und Atem herzustellen, um Kontakt zu sich selbst, dem gegenwärtigen Moment aufzunehmen. Das kann helfen, Stress und Angst abzubauen, das allgemeine Wohlbefinden, aber auch die Konzentration und Kreativität zu steigern. Es ist wie eine Pause, die nicht nur Kraft schenkt, sondern auch die Gelegenheit öffnet zur Neuorientierung und zum Neustart.

Eine Anker-Übung für Körper und Atem:
1. Setze dich bequem auf einen Stuhl oder den Boden. Schließe deine Augen und atme tief ein und aus, um dich zu entspannen und im Moment anzukommen.
2. Spüre, wie dein Körper auf dem Stuhl oder dem Boden sitzt. Spüre das Gewicht deines Körpers auf der Sitzfläche oder der Unterlage, auf der du sitzt.
3. Richte nun deine Aufmerksamkeit auf deine Füße. Spüre, wie sie auf dem Boden aufliegen und wie sich der Druck verteilt. Konzentriere dich auf deine Zehen, Sohlen und Fersen. Wenn dein Geist abschweift, bringe ihn sanft zurück zu deinen Füßen.
4. Nun lenke deine Aufmerksamkeit auf deinen Atem. Beobachte, wie der Atem ein- und ausströmt, spüre wie sich dein Brustkorb hebt und senkt. Konzentriere dich nur auf deinen Atem und nichts an-

deres. Wenn dein Geist abschweift, bringe ihn sanft zurück zu deinem Atem.
5. Atme nun ein paar Mal tief ein und aus und spüre dabei, wie dein Körper entspannt. Lasse nun langsam die Anker-Übung los.
6. Öffne langsam deine Augen und nimm dir noch einen Moment, um zu spüren, wie du dich fühlst. Vielleicht bemerkst du eine innere Ruhe und Gelassenheit.

Eine Anker-Übung nur für den Atem:
1. Setze dich aufrecht auf einen Stuhl oder den Boden und schließe deine Augen. Stelle sicher, dass deine Wirbelsäule gerade ist und deine Schultern entspannt sind.
2. Beginne damit, bewusst und langsam durch die Nase einzuatmen. Spüre dabei, wie sich deine Lungen mit Luft füllen und wie dein Bauch sich ausdehnt.
3. Halte nun deinen Atem für einen kurzen Moment an, bevor du langsam durch den Mund ausatmest. Spüre dabei, wie die Luft aus deinem Körper strömt und wie sich dein Bauch wieder entspannt.
4. Wiederhole diesen Atemzyklus einige Male und konzentriere dich dabei nur auf deinen Atem. Wenn deine Gedanken abschweifen, dann ist das normal. Bringe sie sanft zurück zu deinem Atem.
5. Nach einigen Atemzyklen kannst du dich auf den natürlichen Rhythmus deines Atems konzentrieren und ihn einfach beobachten. Fokussiere dich auf das Ein- und Ausatmen, ohne es zu verändern oder zu kontrollieren.
6. Wenn du bereit bist, öffne deine Augen und nimm dir einen Moment, um zu spüren, wie du dich fühlst. Atme noch ein paar Mal tief ein und aus, bevor du langsam aufstehst und weitermachst.

> Erstellen Sie sich eine Übersicht oder einen (elektronischen) Zettelkasten mit Apps, Tools und Übungen, die Ihnen gefallen, die Sie beherrschen und die Sie gerne in der digitalen Seelsorge einsetzen möchten. Üben Sie mit Ihrer Familie, Freunden oder Kolleginnen und Kollegen. Welches Tool würden Sie gerne erlernen oder kennenlernen?

Die Zukunft digitaler Seelsorge

Es ist schwer zu sagen, wie sich die kirchliche Seelsorge in Zukunft genau entwickeln wird, da es von vielen Faktoren abhängt. Es ist jedoch wahrscheinlich, dass die Technologie eine wichtigere Rolle spielen wird, indem sie es Seelsorgern ermöglicht, auf neue und innovative Weise mit Menschen in Kontakt zu treten und ihnen zu helfen. Es ist auch möglich, dass die Seelsorge in virtuellen und Online-Umgebungen stärker verbreitet sein wird. Es kann einen größeren Fokus auf interreligiöse Zusammenarbeit und Inklusion geben. Es kann mehr Flexibilität und Anpassungsfähigkeit in Bezug auf die Art und Weise geben, wie Seelsorge angeboten wird, um die Bedürfnisse der Menschen in der Gemeinde besser zu erfüllen. Es ist jedoch wichtig zu beachten, dass die menschliche Interaktion und Bindung immer noch von entscheidender Bedeutung bleiben werden.
Diese Sätze stammen von der Künstlichen Intelligenz ChatGPT (https://chat.openai.com, 19. Januar 2023).

Niemand kann in die Zukunft schauen. Auch der 2019 erstmals veröffentlichte und seitdem deutlich weiterentwickelte Chatbot ChatGPT nicht. Aber die Entwicklungen, die dieser Bot benennt, sind nicht von der Hand zu weisen, sondern beschreiben einige der wichtigen Treiber der Digitalisierung auch in der Seelsorge: Innovation, Inklusion, Flexibilisierung und Individualisierung.

»GPT« steht für Generative Pretrained Transformer und ist ein künstlicher Intelligenz-Algorithmus, der für die Textgenerierung und -verarbeitung entwickelt wurde und in Chatgesprächen eingesetzt werden kann. Laut CNN (03. Februar 2023) ist ChatGPT die am schnellsten wachsende Computeranwendung der Geschichte. Allein im Januar 2023 nutzten über 100 Millionen aktive Userinnen und User dieses Tool. Google veröffentlicht mit »Bard« einen ähnlichen Dienst im Internet. Der Meta-Konzern arbeitet an »LLaMA«.

Die Lust an Technik und technischen Möglichkeiten, die Lust auch, sich selbst mit Technik zu umgeben, zu begleiten und zu verbessern, ist seit jeher ein wesentlicher Antrieb für Forschung und Entwicklung gewesen. Diese Macht und Faszination der Technik und das allgemeine Staunen über ihre disruptiven Veränderungen sind stark und ziehen uns Menschen magisch an. Es kommt nicht von ungefähr, dass statistisch gesehen rund 90 Prozent der Menschen in Deutschland ein Smartphone besitzen und fast täglich nutzen (Gentner 2020). Wann hat es das schon mal vorher gegeben, dass wir ein so teures, elektronisches Gerät überall hin mitnehmen können und sollen und es auch noch mit unseren eigenen Fingern bedienen? Das Smartphone ist längst zu so etwas wie einem weiteren Körperteil geworden. Es ist Telefon, Kamera, Notizbuch, Kalender, Kommunikationszentrale, Mini-Computer und vieles, vieles mehr. Und viele Menschen können sich ein Leben ohne diese Maschine nicht mehr vorstellen. Es hat nicht nur die Art und Weise verändert, wann wir Informationen abrufen, nämlich wann immer und wo immer wir möchten, es hat auch unser Verhalten verändert und neue Grundbedürfnisse des Lebens geschaffen: WLAN und Ladestrom.

Das hat auch Auswirkungen auf die Inanspruchnahme von Seelsorge. Das Smartphone ermöglicht es, je nach Bedarf mobil, schnell und einfach nach Hilfe zu suchen und auf Unterstützung und Beratung zugreifen zu können. E-Mails schreiben, an Chatgesprächen oder Online-Communities teilnehmen, nach Informationen »googeln«, Videogespräche führen – das Smartphone bringt in Kontakt und ermöglicht Begegnung »aus dem Handgelenk«. Ziehen wir diese Linien weiter, dann wird die Seelsorge der Zukunft sicher noch mobiler und noch interaktiver sein und vor allem noch mehr on demand sein müssen, als sie es im Moment bereits ist. Das erfordert von den Seelsorgeanbietern ein hohes Maß an Flexibilität oder anders gesagt, an Innovation und einem Mindset, das die sich wandelnden digitalen Gewohnheiten oder Lebensstile wertschätzt und ausdrücklich bejaht. Dies schließt ein inklusives Denken und Handeln mit ein, vor allem bezogen auf körperliche oder psychische Herausforderungen, aber auch im Hinblick auf Herkunft, Geschlecht oder geschlechtlicher und sexueller Identifikation, Alter, Status, religiöser Überzeugung und Kirchenmitgliedschaft. Schließlich umfasst es ebenso eine interdisziplinäre Offenheit, die weiß, wann andere oder weitere Fachmenschen hinzugezogen werden sollten.

Seelsorge wird sicher mehr und mehr auf und von Plattformen stattfinden, extern und zentralisiert, und gleichzeitig wird sie selbstbestimmter und individueller sein. Das bedeutet, Menschen begegnen sich weiterhin auf den großen Social-Media-Plattformen und werden sich dort ihre persönlichen Seelsorgehappen, auch in Form von Kurzzeit-Seelsorge, suchen, auswählen und diese zu sich nehmen, solange sie wirken und satt machen. Dann ziehen die Menschen weiter zu anderen Anbietern und anderen Plattformen. Auch inhaltlich wird es weiter einen starken Hang zum persönlichen Eklektizismus geben. Und wir werden noch stärker Seelsorge in unterschiedlichen Skalierungen erleben: als Gespräch (one-to-one bis one-to-many) oder auch als selbstgewählte und selbst zusammengestellte Begleitung: hier ein Film auf YouTube, dort ein Gesprächsfaden/Thread zu einem Thema, das gerade dran ist, wieder woanders ein Beitrag in einem Blog oder ein Online-Video-Kurs. Ich nenne das »Seelsorge ohne Seelsorgerin oder Seelsorger«. Andere nennen es Selbstsorge. Menschen wählen bewusst und selbstbestimmt aus, was sie für sich selbst als vorteilhaft und hilfreich erachten oder was ihren gegenwärtigen Bedürfnissen entspricht. So wird TikTok von vielen jungen und jüngeren Menschen auf der Suche nach Informationen und Antworten auf aktuelle Lebensfragen genutzt, weil die Antworten dort kurz und unterhaltsam als Videoclip anzusehen sind. Und natürlich wird nicht nur nach dem nächsten besten Pizzabäcker gefragt oder welches Smartphone gerade angesagt ist. Die Suche nach sogenannten »Life-Hacks« beinhaltet auch Fragen zu den Lebensbereichen Zufriedenheit, Krisen und psychische Gesundheit.

Und die Erfahrungen mit ChatGPT und anderen KIs werden die Hemmschwelle zur Interaktion mit Bots senken, sodass auch automatisierte Seelsorgeangebote wachsenden Zuspruch verzeichnen werden. Die KI ist schon jetzt relativ stark, wie vielleicht folgendes Beispiel zeigt. Lesen Sie es bitte mit den Augen einer ratsuchenden Person.

Frage: *Warum lässt Gott Leid zu?*

Solche und ähnliche Fragen sind nicht selten, auch wenn sie manchmal mit anderen Worten gestellt werden: Was habe ich getan, dass ich so leiden muss? Womit habe ich das verdient? Der liebe Gott muss mich wohl nicht mögen …

Antwort der KI ChatGPT lautet: *Dies ist eine sehr schwierige Frage, und es gibt keine einfache Antwort darauf. Die Gründe, warum Gott das Leid zulässt, sind vielfältig und komplex und hängen von vielen Faktoren ab, darunter der menschlichen Freiheit, der menschlichen Natur und der menschlichen Verantwortung.*

Einige glauben, dass das Leid Teil des menschlichen Lebens ist und dass es uns dazu bringt, uns selbst und andere besser zu verstehen und unsere Beziehungen tiefer und bedeutsamer zu gestalten. Andere sehen das Leid als eine Möglichkeit, uns zu prüfen und zu wachsen, indem wir uns in schwierigen Situationen bewähren und unsere Stärke und Resilienz entwickeln.

Es gibt auch Menschen, die glauben, dass das Leid eine Folge von Handlungen und Entscheidungen ist, die wir selbst treffen, und dass es eine Möglichkeit ist, die Konsequenzen unserer Handlungen zu erleben. Andere sehen das Leid als ein natürliches Ergebnis des Lebens auf einer gefallenen Welt, die von Sünde und Schmerz betroffen ist.

Letztendlich ist es unmöglich, genau zu verstehen, warum Gott das Leid zulässt, und wir müssen uns darauf verlassen, dass Gott gut und liebevoll ist und dass Er uns in unseren schwierigen Zeiten trägt und uns Trost und Frieden schenkt. (Stand: 16.12.2022)

Selbstverständlich hat dieser Text nicht die Qualität eines zwischenmenschlichen schriftlichen Seelsorgegesprächs. Der Text klingt wenig inspirierend, zu oberflächlich, zu allgemein und wirkt eher wie ein Eintrag bei Wikipedia. Aber ChatGPT ist eben ein Textgenerator, kein Lexikon, keine Suchmaschine und auch nicht auf das Beantworten von Lebensfragen trainiert. Dennoch, für manche Menschen wird diese Antwort ausreichend sein und sie werden sich fragen, warum sie denn nach dieser Antwort noch zur Seelsorge gehen sollten? Zumal der Text ja von einem *Chat*bot stammt, also Interaktion und somit ein Nachfragen, ein weiteres Gespräch mit Fragen und Antworten im Chat möglich macht. Der Text gibt aber auch schon so eine erste Orientierung, er beruhigt, und vermittelt den Eindruck, das Thema benannt und im Griff zu haben (siehe hierzu auch Wolfangel 2022). Und ist die Antwort der Maschine wirklich so weit entfernt von Antworten, die wir als seelsorgende Personen im Arbeitsalltag auch manchmal geben? Untersuchungen zeigen, dass Menschen schon jetzt nicht mehr unbedingt bemerken, ob sie mit einem Bot oder einem Menschen sprechen. Wie können wir als Menschen also langfristig einen Mehrwert liefern? Hier müsste die Diskussion um KI in der Seelsorge (und auch in der Beratung) beginnen. Fortsetzen könnte sie sich dann in der Frage nach ihrem Mehrwert für die Seelsorgenden. Könnte sie Teil von Fortbildung und auch Supervision werden, mit der ich zum Beispiel meine Antworttexte abgleiche und »bespreche«? Oder die ich für die Entwicklung von Fallszenarien nutze, an denen ich meine Lese- und Schreibkompetenz reflektiere und weiter ausbaue?

Vielleicht liegt die Lösung im Zusammenspiel der jeweiligen Kompetenzen. Als Menschen können wir vernetzt denken, nehmen den Kontext mit auf, berücksichtigen auch Emotionen und Erfahrungen. Wir sind nicht darauf beschränkt, eindimensionale Antworten zu geben. In unseren Gesprächen schwingt echte Empathie mit. ChatGPT oder auch der KI-Bildgenerator DALL-E 2 aus demselben Hause könnten die Seelsorge bereichern und als technische Hilfsmittel und kreative Tools eingesetzt werden, die das Gespräch weitertragen und als Anregung oder Intervention genutzt, helfen, neue Einsichten entstehen zu lassen. Vielleicht brauchen wir als Seelsorgerinnen und Seelsorger vor allem eines zuerst: Mut und Zuversicht.

Das *LanguageTool* (https://languagetool.org/de/) könnte helfen, eigene Texte auf Rechtschreib- und Grammatikfehler zu korrigieren. Alternative: https://www.deepl.com/write

Mit dem *Bing Image Creator* (https://www.bing.com/create) könnten Gefühle oder Gedanken in Bilder umgesetzt und so »sichtbar« gemacht werden. Hilfreich für Übungen zur Externalisierung. Alternative: DALL-E (https://labs.openai.com/)

Digitale Apps wie der *Woebot* oder der *PocketCoach* sind mittlerweile als psychologische Begleiter und digitale »Ko-Therapeuten« in der Hosentasche wichtige Unterstützer vieler Menschen, die auch unabhängig von oder in Ergänzung zu präsentischer therapeutischer Begleitung Schritte der Selbsthilfe und Selbstheilung gehen wollen.

Sie sind in den bekannten Stores zum Download frei erhältlich. Diese Apps, oder auch Online-Angebote wie *Selfapy* und *HelloBetter,* zeigen die Chancen, die grundsätzlich in virtuellem Beistand liegen können. Und sie ermöglichen schon jetzt das, wofür das Internet als digitaler Raum bekannt und seit jeher geschätzt wurde: individuelle Teilhabe an (praktischem) Wissen und Erfahrung.

Noch steht die KI am Anfang und noch werden die etwas stereotypen Antworten der Künstlichen Intelligenz bald langweilig und vorhersehbar. Wenn wir aber nur wenige Jahre weiterdenken, was werden wir dann erleben und zur Verfügung haben? Der digitale Raum entwickelt sich oft disruptiv. Morgen könnte online verfügbar sein, was noch heute unmöglich oder futuristisch erscheint. Was wäre also, wenn man dann die Antworten nicht nur in Textform zu lesen, sondern von einer Puppe, einem Wesen oder einem Gesicht auf einem Bildschirm zugesprochen bekommt und man ihr auch sprechend antworten kann? ChatGPT soll bald mit einer Sprachausgabe erscheinen. Oder wenn es mit den Möglichkeiten einer virtuellen Realität verbunden wird? Schon jetzt werden solche Ansätze in der Traumatherapie ausprobiert und getestet (VR-Therapie). Umso mehr brauchen wir eine Diskussion über die Bedeutung und die Folgen dieser technischen Entwicklungen und Erfindungen für die Seelsorge. Wie will sich Kirche hier positionieren? Welche rechtlichen und ethischen Fragen stellen sich und wie können sie zukunftsweisend beantwortet werden? Wo kann Digitalisierung bzw. künstliche Intelligenz helfen und entlasten? Und wer übernimmt dann die Verantwortung für das digitale Handeln? Wie ist Missbrauch möglichst auszuschließen oder zu verhindern? Wie kann der Zugang zur und die Nutzung der Digitalisierung dauerhaft allen Menschen ermöglicht werden und welche schützenden, aber auch fördernden Rahmenrichtlinien sind dazu nötig (Stichworte u. a.: Datenschutz, Bias-Problem, Verantwortung)? Google hat dazu Prinzipien entwickelt: https://www.blog.google/technology/ai/ai-principles/

Wird man Künstliche Intelligenz und virtuelle Realität auf der einen Seite als mindere und auf der anderen Seite als schleichende, aber dann doch irgendwann überlegene Konkurrenz des Menschen begreifen und darum jeweils ablehnen oder zumindest auf kritische

Distanz gehen? Oder werden wir uns zur Partnerschaft entschließen und die Möglichkeiten entdecken, die in diesen Entwicklungen enthalten sind? Es ist ja nicht so, dass wir nur genug Erfahrungen und Fakten in einen Algorithmus stecken müssten, damit dieser von selbst intelligent wird und neue, kreative Lösungen erdenkt. Letztlich bleibt ChatGPT nur ein Abbild von uns. Das System kann, was wir Menschen ihm beibringen, und es wird sich so verhalten, wie wir es ihm erlauben. Haben wir das verstanden, gäbe es auch die Chance, die Erfindungen und Entwicklungen proaktiv mit zu begleiten und ihre Anwendungen reflektiert mitzugestalten. Könnte ChatGPT die Seelsorge revolutionieren? Ja, vielleicht und vor allem dann, wenn wir ChatGPT als Werkzeug verstehen, das wir kompetent und reflektiert dort einsetzen, wo es tatsächlich Probleme lösen kann.

Es ist wichtig, dass sich Kirche und kirchliche Werke mit digitaler Seelsorge auseinandersetzen, sie für sich entdecken und auch nutzen. Natürlich nicht, ohne sie kritisch zu reflektieren und nach ethischen Richtlinien und auch Grenzen zu fragen und diese zu entwickeln. Aber ohne digitale Angebote im Portfolio würde die Seelsorge sonst wohl immer mehr ins Abseits geraten und zum Nischenanbieter werden.

Seelsorge wird in Zukunft noch weiter nutzerorientiert sein müssen, wenn sie auf dem Markt bestehen und wahrgenommen werden will. Mit anderen Worten, Seelsorge wird zukünftig da sein und bleiben, wo und wie die ratsuchenden Personen sind, nicht wo oder wie wir als Seelsorgerinnen und Seelsorger sind oder gerne wären.

Dabei werden sich auch noch weiter verschiedene Deutungshorizonte miteinander vermischen. Christliche und kirchliche Seelsorge wird immer weniger Deutungshoheit haben und den Menschen Rat und Erklärung bieten, stattdessen wird sie sich partnerschaftlich auf den Weg mit den Menschen begeben und dabei Grenzen überschreiten, die für sie jetzt noch zu hoch erscheinen. Eine wesentliche Kompetenz von Seelsorgerinnen und Seelsorgern bzw. deren Trägereinrichtungen wird sein, über den eigenen Schatten zu springen und den Entwicklungen zwar nicht vorauszueilen, von ihnen aber auch nicht abgehängt zu werden.

Um die weiteren Entwicklungen in der Welt und der Gesellschaft mehr und besser zu verstehen und sie damit natürlich auch zu begleiten und zu gestalten, hat das Zukunftsinstitut (https://www.zukunftsinstitut.de/) rund um den Zukunftsforscher Matthias Horx eine Reihe von Megatrends identifiziert, die uns in den kommenden Jahren und Jahrzehnten prägen werden. Diese sind:

Gender Shift: Die traditionellen Geschlechterrollen in der Gesellschaft verlieren an Bedeutung und werden durch neue Rollenmuster ersetzt. Geschlechteridentitäten und -stereotype befinden sich im Wandel und haben weniger Einfluss auf individuelle Biografien. Digitale Seelsorge unterstützt und begleitet diese Entwicklung durch eine wertschätzende und inklusive Haltung, die sich für Gender-Themen einsetzt und für Gleichstellung aller Menschen wirbt und arbeitet.

Gesundheit: In den letzten Jahren hat sich Gesundheit als grundlegender Wert in unserem Bewusstsein verankert und wird zunehmend als Synonym für hohe Lebensqualität betrachtet. Der Megatrend bestimmt sämtliche Lebensbereiche und wird als zentrales Lebensziel wahrgenommen, das unsere Entscheidungen in Bezug auf Ernährung, Bewegung und Lebensstil beeinflusst. Eine Seelsorge, die sich als »digital soul care« versteht, wird versuchen, das Wohlbefinden der Menschen im Blick zu haben, passende Angebote vorzubereiten und offen für deren Bedürfnisse und Notlagen zu sein.

Globalisierung: Der Megatrend Globalisierung beschreibt das Zusammenwachsen der Weltbevölkerung, wobei internationale Wirtschaftsbeziehungen von schwankenden nationalen Interessenlagen beeinflusst werden. Jedoch befinden sich Wissenschaft, Wirtschaft, Kultur und Zivilgesellschaft weltweit in zunehmend engerem und freiem Austausch von Ideen, Talenten und Waren, was ein wichtiger Treiber für den menschlichen Fortschritt darstellt. Diese globalen Verbindungen prägen die moderne Welt und beeinflussen nahezu alle Lebensbereiche.

Konnektivität: Der Megatrend Konnektivität beschreibt das dominante Muster des gesellschaftlichen Wandels im 21. Jahrhundert, welches auf dem Prinzip der Vernetzung basiert, das durch digitale Infrastrukturen ermöglicht wird. Vernetzte Kommunikationstechnologien haben einen grundlegenden Einfluss auf unser Leben, Arbeiten und Wirtschaften und verändern soziokulturelle Codes. Dies führt zur Entstehung neuer Lebensstile, Verhaltensmuster und Geschäftsmodelle. Digitale Seelsorge fragt hier zum Beispiel nach den

Bedürfnissen der Menschen in einer vernetzten Welt. Digitale Seelsorge kann hier eine Kompassfunktion einnehmen und Menschen helfen, auch weiterhin in dieser Welt selbstwirksam und hoffnungsvoll zu leben.

Individualisierung: Die persönliche Selbstverwirklichung innerhalb der einzigartigen Existenz ist eines der zentralen Kulturprinzipien. Durch die zunehmende persönliche Wahlfreiheit und individuelle Selbstbestimmung wird die Individualisierung weiter angetrieben. Das Verhältnis zwischen Ich und Wir muss neu ausgehandelt werden.

Mobilität: Die Mobilität beschreibt den Trend hin zu einer flexiblen und mobilen Arbeits- und Lebensweise weltweit. Entsprechend diesem Megatrend ist die digitale Seelsorge ebenfalls gefordert, eine mobile Haltung einzunehmen, die verschiedene Kanäle seelsorglich nutzt und mit Angeboten bespielt und die möglichst 24/7 erreichbar ist.

Sicherheit: Obwohl wir in der sichersten Zeit aller Zeiten leben, nehmen wir Unsicherheit intensiver wahr, vor allem in Zeiten zunehmender Vernetzung und globaler Umbrüche. Im 21. Jahrhundert wird die Bedeutung von Sicherheit und wer für sie verantwortlich ist, neu verhandelt, während das Thema Resilienz an Bedeutung gewinnt.

New Work: Dieser Trend beschreibt den Weg zu neuen Arbeitsformen und -strukturen, die auf mehr Flexibilität, Eigenverantwortung, Lebenssinn und Selbstbestimmung setzen. Digitale Seelsorge könnte Menschen darin unterstützen, sich selbst besser kennen zu lernen und zu entdecken, was ihnen wirklich wichtig ist. Auch beim Finden einer gesunden Work-Life-Balance kann Seelsorge in Zukunft unterstützen sowie in der Beratung zur Bewältigung von Arbeitsstress und Überlastung.

Neo-Ökologie: Der Trend zu einem neuen Verständnis von Ökologie und Nachhaltigkeit. Welche Potenziale liegen in einer Verbindung zwischen ökologischem und sozialem Denken sowie der Weiterentwicklung von Stadt- und Lebensräumen? Und welche Ressourcen stecken in Spiritualität und kirchlichem Handeln?

Wissenskultur: Durch den Megatrend »Konnektivität« und die digitale Revolution verändert sich unser Umgang mit Informationen und Bildung. Der globale Bildungsstand wächst kontinuierlich und kooperative Strukturen zur Wissensgenerierung werden immer wichtiger. Wir entwickeln ein tieferes Verständnis für die Entstehung und Verbreitung von Wissen und bauen unsere Fähigkeiten zur Nutzung digitaler Technologien aus.

Silver Society: Der Megatrend Silver Society beschreibt die Auswirkungen des demografischen Wandels hin zu einem längeren und gesünderen Altern weltweit, der große Herausforderungen, aber auch Chancen für eine soziale und kulturelle Lebendigkeit mit sich bringt. Um diese demografische Transformation erfolgreich zu bewältigen, sind neue soziale und ökonomische Rahmenbedingungen sowie ein neuer Ansatz zum Altern erforderlich. Einsamkeit, Altwerden, Eigenständigkeit und Teilhabe sind einige der Themen, die digitale Seelsorge in diesem Megatrend beschäftigen wird.

Urbanisierung: Immer mehr Menschen ziehen in Städte und machen sie zu wichtigen Lebensräumen der Zukunft. Städte sind komplexe, dynamische Systeme, die globale Herausforderungen lösen, kreative Zentren der Gesellschaft, Knotenpunkte der Wirtschaft und politische Akteure. Sie sind nicht nur Orte, sondern haben auch eine immense Bedeutung für die Zukunft der Menschheit. Digitale Seelsorge könnte hier unter anderem die integrative Kraft einbringen.

Diese Megatrends sind natürlich alle eng miteinander verbunden und beeinflussen sich auch gegenseitig. Umso herausfordernder wird es darum sein, wie Seelsorge auf diese Trends reagiert und welche Themen und Anforderungen sich aus ihnen für diese kirchlichen Arbeitsfelder ergeben.

Für die Zukunft von Seelsorge bedeuten diese Megatrends vor allem, dass wir die Chancen der Vernetzung nutzen, um Menschen zu erreichen, die möglicherweise Schwierigkeiten haben, traditionelle Seelsorgeangebote aufzusuchen. Hier sind nicht nur, aber ausdrücklich auch die Älteren anzusprechen. Digitale Seelsorge kann dazu beitragen, ältere Menschen besser in die digitale Welt zu integrieren und ihnen einen Zugang zu Seelsorge und Unterstützung anzubieten. Dieser muss barrierearm und einfach zu nutzen sein und einer Geh-Struktur folgen, damit Ängste und Vorurteile abgebaut werden können. Social-Media-Plattformen und Online-Communities können eingerichtet werden, um einen Ort für Austausch, Unterstützung und Vernetzung auch inklusiv, überregional und interdisziplinär zu schaffen. So wird auch der Individualisierung Raum gegeben. Digitale Seelsorge sollte diese wertschätzen und den Bedarf an individualisierten Unterstützungsangeboten berücksichtigen und ausbauen und sich auf die Bedürfnisse der einzelnen Menschen einstellen. Digitale Tools oder personalisierte Online-Programme helfen, um individuelle seelische und psychologische Unterstützung und Orientierung zu bieten. In Zeiten zunehmender Unsicherheit und globaler Herausforderungen kann digitale Seelsorge einen sicheren Raum bieten, in dem Menschen ihre Ängste und Sorgen teilen und sich gegenseitig unterstützen können. Da auch das Bedürfnis nach Privatsphäre, Sicherheit und Vertraulichkeit in Zukunft weiter zunehmen wird, kann Seelsorge hier einen Ort schaffen, wo das gelebt und erlebt wird und wo Lebensberatung und praktische Lebenshilfe oder Unterstützung Hand in Hand gehen. Das schafft sie auch dadurch, dass Orte des Lernens und des Erfahrungs- oder Wissensaustauschs aufgebaut werden. Die Vermittlung von praktischen Fähigkeiten und Bewältigungsstrategien lassen einen Pool an Best-Practice-Ideen auch generationsübergreifend entstehen und begleiten darüber hinaus auch in spirituellen und ethischen Fragen.

Als ein Beispiel aus dem Megatrend »Konnektivität« möchte ich abschließend noch das »Metaversum« besonders hervorheben. Das Konzept des Metaversums wird derzeit von einigen Tech-Unternehmen wie Facebook, Google und Microsoft erforscht und entwickelt. Es wird oft als eine Art erweiterter Version des Internets betrachtet, in der Nutzerinnen und Nutzer in einer virtuellen Umgebung miteinander interagieren können. Diese Interaktion geschieht durch selbst erstellte Avatare oder digitale Vertreter, die als Erweiterung der Persönlichkeit oder der Identität der jeweils eigenen Person und Persönlichkeit angesehen werden. Das immersive Erleben ist ein zentraler Aspekt der Veränderungen, die das Metaversum im Vergleich zum jetzigen Erleben des Internets bieten kann. Im Gegensatz zum heutigen Internet, das oft durch statische Inhalte und zweidimensionale Interaktionen geprägt ist, ermöglicht das Metaversum das Eintauchen in virtuelle Welten, um in und mit ihnen leben zu können. Dazu gehört auch die Möglichkeit, diese Welten und Räume nach eigenen Wünschen zu gestalten, indem beispielsweise Gebäude,

Landschaften und andere Objekte erstellt werden. Es entsteht eine digitale Parallelwelt.

In Metaversen können sich Nutzerinnen und Nutzer in Form ihres Avatars frei bewegen, mit anderen in Echtzeit kommunizieren und an virtuellen Ereignissen wie Konzerten, Sportveranstaltungen oder Ausstellungen teilnehmen. Aber auch Spiele spielen, Filme ansehen, Konferenzen besuchen, lernen und Schulungen absolvieren, soziale Kontakte knüpfen, einkaufen, Bankgeschäfte erledigen, zum Arzt gehen und vieles mehr. Es gibt bereits einige frühe Beispiele von Metaversen, wie »Second Life« oder »VRChat«, die allerdings noch nicht das volle Potenzial des Metaversums ausschöpfen.

Die Entwicklung des Metaversums ist spannend und für viele sicher attraktiv. Gleichzeitig werden eine Vielzahl neuer Fragen zu beantworten sein: Welche Auswirkungen hat das Metaversum auf die Privatsphäre, die soziale Interaktion und die Realitätswahrnehmung? Wie definiert sich hier Identität, Gemeinschaft oder Empathie?

Seelsorgliche Gespräche kann man sich in dieser Umgebung des Metaversums eventuell noch relativ leicht vorstellen. Aber wäre auch eine Hochzeit oder gar eine Aussegnung denkbar? Und wenn auch vielleicht nicht als einzige kasuale Begleitung dieser Lebensereignisse, dann doch als zusätzliche Möglichkeit in einer immer weiter digitalisierten und sich globalisierenden Gesellschaft? Und wie wird sich dabei durch diese Entwicklungen auch unser Denken und Sprechen von Gott verändern? Wie werden wir beten, segnen, taufen?

Einige Technologieunternehmen, wie Facebook, haben bereits angekündigt, dass sie ihre Arbeiten in Richtung des Metaversums fokussieren werden. Nicht umsonst hat sich Facebook im Oktober 2021 in Meta umbenannt. Trotzdem bleibt es vorerst eine Zukunftsvision, bei der noch viele technische und gesellschaftliche Herausforderungen zu bewältigen sein werden, bevor es richtig starten kann. Wir haben also noch etwas Zeit, um uns darauf einzustellen und vorzubereiten. Fangen wir an.

Log-out

Bildschirme begleiten uns durch unseren Alltag, in allen Formaten und mit vielfältigem Programm. Wir schauen 80-mal pro Tag auf unser Smartphone. Manche sagen sogar, es seien eher 150-mal. Zusätzlich sitzen wir vor den Computerbildschirmen, um zu arbeiten und abends vor den Fernsehschirmen, um zu entspannen. Zwischendurch lesen wir noch Bücher oder Zeitungen auf dem Tablet. Unser Leben, unser Alltag ist von Bildschirmen dominiert. Und in gewisser Weise sind wir dadurch auch fremdbestimmt. Denn wir lesen von anderen, schauen die Erlebnisse der anderen, lassen uns durch die Geschichten anderer unterhalten, versinken in die Fantasie anderer und arbeiten nach den Regeln, die andere sich ausgedacht haben. Provokant formuliert: Viel zu oft leben wir das Leben der anderen.

Das klingt hart und nicht immer fühlt es sich für uns so an. Wo bleiben wir selbst mit unserer eigenen Kreativität, unserer Lebenslust, unserem Willen zur Gestaltung und Veränderung? Wir können die Digitalisierung nicht aufhalten, sie wird weiter unser Leben begleiten und prägen. Wir können aber entscheiden, wie sehr wir uns von ihr in Anspruch nehmen lassen.

Seelsorge kann hier helfen, indem sie zur Selbstvergewisserung und zur Selbstwirksamkeit ermutigt. Was will ich wirklich in und mit meinem Leben? Was macht mein Leben wertvoll und satt? Was schenkt oder stiftet Sinn in meinem Alltag? Was brauche ich jetzt gerade?

Auch wenn Seelsorge sich ohne eigene Absicht ratsuchenden Personen nähert und ihnen begegnet, darf die Haltung der Seelsorgenden dennoch diese Lust am eigenen Leben zeigen und beim Gegenüber nähren. Sei du selbst, alle anderen gibt es schon. Lebe dein eigenes Leben, nicht das der anderen. Spiele dein eigenes Spiel!

Oder anders formuliert: Ressourcenorientiert und salutogenetisch aufgestellt, kann eine »digital soul care« helfen, dass Menschen in den Stromschnellen des Lebens zu guten Schwimmern werden. Wir können und sollen weder die Stromschnellen, Strudel oder Wasserfälle begradigen noch die gefährlichen Steine aus dem Weg räumen (vgl. Schneidereit-Maut 2013 S. 418). Wer sich seiner selbst und auch seiner oder ihrer Spiritualität bewusst wird, der oder die findet in allen Herausforderungen den persönlichen Weg.

Peter Lustig hatte früher in seiner Sendung »Löwenzahn« Mut zum Abschalten gemacht. Nachdem die zuschauenden Kinder eine knappe halbe Stunde mit ihm Abenteuer und Geschichten erlebt und viel gelernt hatten, wurden sie aufgerufen, ihre eigenen Geschichten zu entdecken. Sie sollten den Fernseher abschalten, nicht weil fernsehen an sich schlecht war oder die Sendung sich nicht lohnte. Im Gegenteil, sie lohnte ja, erweiterte den Horizont und vertiefte das Verständnis für die Welt, brachte in Kontakt auch mit einem selbst, sorgte im gemeinsamen Erzählen über das Gesehene sogar für Begegnung und schenkte manches Lächeln und Staunen. So beschenkt und ausgerüstet, war es dann Zeit, die eigenen Möglichkeiten tatkräftig auszuprobieren, die eigenen Geschichten zu erleben und die eigenen Grenzen zu testen, mit wachsender Freude über die eigene Lebendigkeit und einer Lust auf das Leben. Wir sollten uns selbst ein Lächeln schenken und dankbar sein für das, was wir geschafft und geschaffen hatten. Wir, in unserem einen, einzigartigen Leben, in dem das Digitale seinen Platz und seine Berechtigung hat und das doch weit darüber hinausgeht.

Literatur

ARD-ZDF-Onlinestudie (2022): https://www.ard-zdf-onlinestudie.de/ (aufgerufen 08.03.2023).

Balboni, T. A./VanderWeele, T. J./Doan-Soares, S. D./Long, K. N. G./Ferrell, B. R./Fitchett, G./Koenig, H. G./Bain, P. A./Puchalski, C./Steinhauser, K. E./Sulmasy, D. P./Koh, H. K. (2022). Spirituality in serious illness and health. JAMA, 328 (2), 184–197. https://projects.iq.harvard.edu/files/rshm/files/jama_balboni_2022_sc_220002_1660748706.29282_1.pdf (aufgerufen 04.03.2023).

Bertelsmann Stiftung (2022): Was bewegt die Jugend in Deutschland? https://www.bertelsmann-stiftung.de/de/publikationen/publikation/did/was-bewegt-die-jugend-in-deutschland (aufgerufen 04.03.2023).

Bitkom Research/Digitalverband Bitkom (2023): Mehr als 50 Millionen Deutsche nutzen soziale Medien. https://www.bitkom.org/Presse/Presseinformation/Mehr-als-50-Millionen-Deutsche-nutzen-soziale-Medien (aufgerufen 06.07.2023).

Brüggemann, H./Ehret, K./Klütmann, C. (2016): Systemische Beratung in fünf Gängen. Ein Leitfaden (6., überarb. Auflage). Göttingen: Vandenhoeck & Ruprecht.

Brunner, A. (2023): Methoden des digitalen Lesens und Schreibens in der Online-Beratung. e-beratungsjournal, 2 (2), 1–11. https://www.e-beratungsjournal.net/ausgabe_0206/brunner.pdf (aufgerufen 28.02.2023).

DAK-Studie (2017): WhatsApp, Instagram und Co. – so süchtig macht Social Media. DAK-Studie: Befragung von Kindern und Jugendlichen zwischen 12 und 17 Jahren. https://www.dak.de/dak/bundesthemen/onlinesucht-studie-2106298.html (aufgerufen 08.03.2023).

Dohm, L./Schulze, M. (2022): Klimagefühle. Wie wir an der Umweltkrise wachsen, statt zu verzweifeln. München: Knaur.

Drechsel, W. (2017). Gemeindeseelsorge. Leipzig: Evangelische Verlagsanstalt.

Drechsel, W./Kast-Streib, S. (Hg.) (2017): Seelsorgefelder. Annäherung an die Vielgestaltigkeit von Seelsorge. Leipzig: Evangelische Verlagsanstalt.

Eidenbenz, F. (2009): Standards in der Online-Beratung. In S. Kühne, G. Hintenberger (Hrsg.), Handbuch Online-Beratung. Psychosoziale Beratung im Internet (S. 213-230). Göttingen: Vandenhoeck & Ruprecht.

Engelhardt, E. M. (2021): Lehrbuch Onlineberatung (2. Auflage). Göttingen: Vandenhoeck & Ruprecht.

EKD – Evangelische Kirche in Deutschland (Hg.) (2020): Unerwartet heilsam – wie Seelsorge wirkt. Innovationskraft seelsorglicher Angebote. Eine Handreichung der Ständigen Konferenz für Seelsorge in der EKD. Hannover: Evangelische Kirche in Deutschland.

EKFuL – Evangelische Konferenz für Familien- und Lebensberatung e.V. (2015): Gütekriterien für psychologische/psychosoziale Beratungsstellen in evangelischer Trägerschaft. Gütekriterien für Online-Beratung. https://www.ekful.de/fileadmin/user_upload/PDFs/Veroeffentlichungen/EKFuLGuetekriterien_2018_05.pdf (aufgerufen 04.03.2023).

Frankl, V. E. (2018): ... trotzdem Ja zum Leben sagen. Ein Psychologe erlebt das Konzentrationslager. München: Penguin TB Verlag.

Gentner, A. (2020): Smartphone-Konsum am Limit? Der deutsche Mobile Consumer im Profil. https://www2.deloitte.com/de/de/pages/technology-media-and-telecommunications/articles/smartphone-nutzung-2020.html (aufgerufen 08.03.2023).

Haas, M. (2023): »Schreib, was du nicht sagen kannst«. SZ-Magazin, 30.01.2023. https://sz-magazin.sueddeutsche.de/die-loesung-fuer-alles/kinder-kummerkasten-briefkasten-missbrauch-92374 (aufgerufen 08.03. 2023).

Haberer, J. (2022): Die Seele. Versuch einer Reanimation (3. Auflage). München: Claudius.

Haußmann, A./Teschmer, C./Wiesinger, C./Wissner, G. (2021): Seelsorge und digitale Kommunikation. Dynamiken sozialer Interaktion und ihre Auswirkungen auf Poimenik. Wege zum Menschen, 73 (1), 5–18.

Heimes, S. (2017): Schreib dich gesund. Übungen für verschiedene Krankheitsbilder (2. Aufl.). Göttingen: Vandenhoeck & Ruprecht.

Hickmann, C. (2021): Climate anxiety in children and young people and their beliefs about government responses to climate change: A global survey. The Lancet, 5, 12. https://www.thelancet.com/journals/lanplh/article/PIIS2542-5196(21)00278-3/fulltext (aufgerufen 04.03.2023).

Hinterhuber, H. (2001): Die Seele. Natur- und Kulturgeschichte von Psyche, Geist und Bewusstsein. Heidelberg u. a.: Springer.

Klessmann, M. (2022): Seelsorge. Ein Lehrbuch. Göttingen: Vandenhoeck & Ruprecht.

Knatz, B. (2022): Handbuch Internetseelsorge. Was Seelsorge und Tango verbindet. Bielefeld: Luther-Verlag.

Lammer, K. (2020): Wie Seelsorge wirkt. Stuttgart: Kohlhammer.

More in Common (2021): Einend oder spaltend? Klimaschutz und gesellschaftlicher Zusammenhalt in Deutschland. https://www.moreincommon.de/media/leapg0va/more_in_common_studie_klima_zusammenhalt.pdf (aufgerufen 04.03.2023).

Nicklas, S. C. (2018): Mit Stift und Papier in der Psychotherapie. psylife, 17.12.2018. Verfügbar unter: https://psylife.de/magazin/psychotherapie/mit-stift-und-papier-der-psychotherapie (aufgerufen 08.03.2023).

Oudray, L. (2023): Wtf heißt »slip n slide«? TAZ 08.02.2023. https://taz.de/Algospeak-auf-TikTok-und-Instagram/!5911034/ (aufgerufen 08.03.2023)

Ploil, E. (2009): Psychosoziale Online-Beratung. München u. a.: Ernst Reinhardt.

Rogers, C. R. (1975): Die klientenzentrierte Gesprächspsychotherapie. München: Kindler.
Schneidereit-Mauth, H. (2013): Spiritualität als heilsame Kraft. Ein Plädoyer für Spiritual Care in der Klinik.Wege zum Menschen, 65 (5), 404–418.
Schneidereit-Mauth, H. (2015): Ressourcenorientierte Seelsorge. Salutogenese als Modell für seelsorgerliches Handeln. Gütersloh: Gütersloher Verlagshaus.
Schwartz, L./Levy, J./Endevelt-Shapira, Y./Djalovski, A./Hayut, O./Dumas, G./Feldman, R. (2022): Technologically-assisted communication attenuates inter-brain synchrony. NeuroImage, 264, 1 Dec 2022. https://www.sciencedirect.com/science/article/pii/S1053811922007984 (aufgerufen 08.03.2023).
Statistisches Bundesamt (Destatis) (2022): Todesursachen: Suizide. Stand: Dezember 2022. https://www.destatis.de/DE/Themen/Gesellschaft-Umwelt/Gesundheit/Todesursachen/Tabellen/suizide.html (aufgerufen 06.07.2023).
Wolfangel, E. (2022): Das sprachgewaltige Plappermaul. Spektrum.de 16.12.2022. https://www.spektrum.de/news/maschinelles-lernen-chatgpt-wird-immer-plappern/2090727 (aufgerufen 08.03.2023).
Wolfersdorf, M. (2019): Erklärungsmodelle – die Zeit vor dem Suizid (3. Aufl.). Bayreuth: AGUS e. V.